KB140040

재중 한인디아스포라
연 구 총 서

3

개혁개방후 중국조선어의 변화, 발전 양상 연구

이 저서는 2011년 대한민국 교육부와 한국학중앙연구원(한국학진흥사업단)의 한국학 총서 사업 지원을 받아 수행된 연구임(AKS-2011-ABC-112).

재중 한인디아스포라
연 구 총 서

3

개혁개방후
중국조선어의 변화,
발전 양상 연구

강용택 지음

이 총서는 2011년 12월 한국학진흥사업단 해외한인연구 특별 기획과제로 선정되어, 5년간 진행된'재중 한인 디아스포라의 재구성과 발전적 통합' 사업의 각 학문분야별 연구 성과이다.

1992년 한중 양국의 수교를 계기로 재중 한인 사회는 새롭게 재구성되었다. 올드커머(old comer)인 '조선족'사회에 더하여 뉴커머(new comer)인'재중 한국인'사회가 새롭게 건설되었다. 한중 수교 후 초창기 주재원 중심으로 구성되었던 재중 한국인 사회는 이제 다양한 계층이 장기 거주하는 사회로 변화하고 있다. 자영업자, 대기업과 중소기업의 주재원에 더하여, 유학생과 불법 체류자 등 다양한 인구집단이 유입되면서 재중 한국인 사회가 내적으로 큰 폭의 계층 분화를 경험하고 있다.

조선족 사회 역시 매우 큰 변화를 겪고 있다. 1978년 중국의 개혁개방은 조선족으로 하여금 농토를 떠나 새로운 세상으로 이주하게 했다. 기존 동북3성에 형성되었던 민족 집거지역을 떠나, 중국의 동남부 연해지역으로, 나아가 한국으로, 일본으로, 미국으로, 심지어는 아프리카까지, 전 세계 곳곳으로 재이주의 범위를 넓혀가고 있다. 혹자는 더 나은 미래를 위해, 혹자는 학문을 위해, 혹자는 가족을 찾아, 그 재이주의 사유 또한 매우 다양하다. 재이주 경로와 재이주 후 현지사회에서의 정착양상 또한 그와 못지않게 다양하다. 밀입국에서 정상적인 이주까지, 불법체류자의 신분에서 영주권의 취득까지, 아주 다양한 신분과 삶의 모습으로 그들은 새로운 재이주의 삶을 개척하고 있다.

중국 국내에서 유동하는 조선족만 하더라도 동북3성의 기존 민족 집거지역을 떠난 이들은 예전과는 확실히 다른 삶을 꾸려나가고 있다. 베이징(北京), 톈진(天津), 칭다오(靑島), 선양(瀋陽), 상하이(上海), 광저우(廣州) 등 중국의 주요 도시에서 재중 한국인과 더불어 재중 한인 사회의 또 다른 구성원으로서 분명한 역할을 하고 있다. 재중 한국인 기업의 직원으로, 재중한국인의 현지정착의 동반자로서, 또는 신생 기업인으로서 활동하면서 미래 조선족의 경제사회적 지도를 다시 그리고 있다.

이렇게 재중 한인 사회는 중국의 개혁개방, 한중수교와 더불어 두 가지 특징적인 변화를 보여주고 있다. 첫째는 조선족 중심의 사회에서 조선족과 재중 한국인이란 두 집단이 함께 구성하는 한인사회로 변화하고 있다. 둘째는 지역적 재구성이다. 기존에는 올드커머(old comer)의 집거지역인 동북3성이 한인사회의 중심이었으나, 한중수교 이후 뉴커머(new comer)인 재중 한국인의 진입에 따라 이 두 집단은 중국의 전 지역으로 확산되어가고 있다. 또한 한국, 미국, 일본 등지의 글로벌 지역을 향한 확산도 빠르게 진행되고 있다.

글로벌 환경의 변화는 재중한인 사회를 시시각각 변화하게 하고 있다. 따라서 이렇게 역동적으로 변화하고 있는 재중 한인 사회에 대한 총체적이고 종합적인 이해는 이미 선택사항이 아니다. 미래지향적인 한중 관계의 구축을 위해서도 한중관계의 유력한 중개자로서의 재중 한인에 대한 이해가 무엇보다도 중요한 시점이 되었다고 할 수 있다.

　이러한 재중 한인 사회의 확산과 재구성에 따라, 재중 한인사회에 대한 연구 또한 '조선족'과 '재중 한국인(재중 한상 포함)', 그리고 해외로 진출한 '글로벌 조선족'에 대한 연구로 확장되어야 했다. 하지만 그 동안의 '재중 한인'에 대한 연구는 동북3성을 집거지역으로 하는 조선족에 대한 연구에서 벗어나질 못했다. 최근 형성된 '재중 한국인 사회'와 해외로 진출한 '글로벌 조선족 사회'에 대한 연구는 절대적으로 부족했다. 특히 조선족 사회와 재중 한국인 사회 사이의 연계, 조선족 사회와 글로벌 조선족 사이의 연계에 대한 연구 및 그들의 초국가적 활동과 그것이 갖는 의미에 대한 연구는 매우 제한적이었다. 본 사업단은 이러한 기존연구의 한계를 극복하고 연구의 지평을 확장하는 데서 학술적 의의를 찾고자 노력했다.

　본 사업단은 재중 한인 사회에 관한 종합적이고 체계적인 자료의 발굴과 수집을 통해 기존 연구 자료의 자료집화를 진행하였으며, 연구 대상이 분포하는 광범위한 지역에 대한 현지조사와 설문조사를 진행함으로써 최초로 재중 한인 사회 전반에 대한 포괄적 조사연구를 완성하였다. 또한 기존의 단일성 주제연구를 벗어나 거주국 내 전체 유동인구 변화의 틀에서 재중 한인의 유동경향을 파악하고, 계층적 분화와 지위 변화에 대한 논의 등을 진행함으로써 연구대상을 비교연구의 대상으로 확장시켰다. 이러한 연구방법과 연구 설계를 통해 재중 한인 사회에 대한 체계적이고 학제적이며 통합적인 연구를 진행했다.

　그 결과 본 사업단의 연구총서는 연구대상별, 학문분야별로 균형적인 성과를 도출하였다. 우선, '재중 조선족'에 대해서는 역사학자인 김춘선(金春善) 교수가 '재중 한인 이주사 연구'를, 어문학자인 김춘선(金春仙) 교수가 '개혁 개방 후 조선족 문학의 변화양상 연구'를, 그리고 언어학자인 강용택 교수가 '개혁 개방 후 중국 조선어의 변화, 발전양상 연구'를, 정치학자인 우병국 교수가 '중국의 민족정치와 조선족'을, 경영학자인 백권호·문철주 교수가 '중국 조선족 기업의 발전과 새로운 이주'를 연구 출간하였다.

다음으로, '재중 한국인'에 대해서는 사회학자인 김윤태·예성호 교수가 '재중 한국인 사회의 형성과 초국가주의적 생활경험'을, 인류학자인 정종호 교수가 '재중 한인 타운의 형성과 발전: 베이징 왕징 한인 타운을 중심으로'를 연구 출간했다.

마지막으로 '글로벌 조선족'에 대해서는 사회학자인 설동훈 교수와 역사학자인 문형진 교수가 '재한 조선족, 1987-2017'을 연구 출간하였다.

본 연구 사업단은 이상과 같은 총서발간의 학술적 성과 외에도 적지 않은 성과를 내었다. 총18권에 달하는 자료집을 이미 출간, 연구자에게 제공하여 총서발간의 질적 담보를 기했고, 연2회 발간의 학술지'한중미래연구'를 2013년 여름부터 현재까지 발간하고 있다. 연2회의 국내/국제학술대회를 개최했으며 콜로키움, 전문가 포럼 및 특강 등의 개최를 통해 재중 한인 연구의 질적인 향상을 기했다. 그 밖에도 연구 성과를 KBS 한민족 방송에 소개하여 연구 성과의 사회적 확산에 기여했으며 조선족 마을사를 출간하여 조선족 마을의 자료보존과 학술적 기초자료 확보에 힘을 기울였다. 또한 재한 조선족의 대학방문 행사를 개최함으로써 조선족 동포의 정체성 확립과 통합적 한인사회 건설의 기초를 닦으려 노력했다. 총서발간 외의 이러한 노력과 성과들 또한 연구 성과 못지않은 중요한 자산으로 판단된다.

이 총서의 출간은 재외 한인 사회를 연구하는 학계와 관련기관, 그리고 재외동포의 큰 관심을 받게 될 것이다. 따라서 우리는 총서 발간에 더욱 많은 부담을 가졌다. 하지만 지금까지 연구된 재중 한인 사회에 대한 연구에 비해, 새롭게 재구성된 재중 한인 사회에 대해 종합적이고 학제적인 연구를 진행하였다는 점에서 최소한 후속연구의 토대가 될 수 있다는 판단, 후속세대의 재중 한인에 대한 관심 제고, 중국진출 한국기업과 한국유학생 등 재중 한국인 사회의 중국 정착에 긍정적으로 작용할 것이란 점, 재중 한인의 민족정체성 강화프로그램, 해외인적자원 개발 등 정부 및 공공기관에 대한 정책제언에 기여할 것이란 판단에 기대어 부족하지만 총서의 발간을 감행하였다.

이 총서가 발간되기까지 물심양면으로 지원을 아끼지 아니한 한국학진흥사업단 모든 분들께 깊은 감사를 드린다. 또한 수십 차례에 걸친 학술대회와 콜로키움, 전문가 포럼에서 훌륭한 조언을 아끼지 않으신 국내외 재외한인 연구자들께도 깊은 감사의 뜻을 전한다. 마지막으로 재중 한인 디아스포라 연구사업의 완성을 위해 함께 뛰고 함께 웃으며 땀 흘린 연구 사업단 식구들과 그 가족들 모두에게 심심한 감사의 말씀을 올린다. 아울러 이 연구 사업을 기반으로 향후에는 더욱 알차고 의미 있는 연구 성과를 지속적으로 생산할 것을 약속드린다.

2018년 11월
재중 한인 디아스포라 연구 사업단을 대표하여
동덕여대 한중미래연구소 소장 김윤태

머리말

　이 책은 개혁개방 후 중국조선어의 변화와 발전 양상을 연구한 저서이다. 중국조선어는 중국의 조선족들이 사용하는 언어이다. 중국조선어는 한반도의 언어와 그 뿌리를 같이 하고 있지만 중국의 정치, 경제, 문화적 환경의 영향을 받으면서 자체의 독특한 특성을 가지고 있다. 중국의 조선족들은 중국에 이주하기 전에 쓰이던 한반도 언어를 적극적으로 사용하고 있지만 중국의 여러 차례에 걸친 정치운동과 경제개혁에 의해 언어 체계가 변화를 입기도 하였다. 그 결과 음운, 문법, 어휘 면에서 한반도 언어와 다소 다른 양상을 보이고 있는데 어휘 면에서 더욱 돌출하게 표현되고 있다.

　중국조선어는 한편으로는 한반도의 모어를 계승하였을 뿐만 아니라 중국에 맞는 조선어규범을 제정하여 중국 조선족의 언어생활을 풍부히 하였으며 중국 특색이 있는 민족 언어로 형성되었다. 중국 조선어 규범화 사업은 첫 번째 단계(지난 세기 50년대 초, 중반기), 두 번째 단계(1958-1963년), 세 번째 단계(1964-1968년), 네 번째 단계(1968-1977년), 다섯 번째 단계(1977-지금까지)를 거쳐 발전하였다. 첫 번째, 세 번째, 다섯 번째 단계는 조선어 단어조성의 법칙에 맞게 어휘규범을 하는 것을 기준으로 삼았고 두 번째, 네 번째 단계는 한어와의 공성 관계를 확대하는 원칙으로 기준을 삼았다.

　중국에서 조선어 규범화 사업이 활기를 띠기 시작한 것은 1977

년에 동북3성 조선어문사업협의소조가 설립된 때부터이다. 그러다가 1986년에 중국조선어문사정위원회가 설립되면서 본격적으로 규범화 사업이 추진되었다.

중국조선어는 중국 소수민족 언어 중의 하나로서 주체 민족의 언어인 한어의 영향과 한반도의 한국어와 조선어의 영향을 받고 있는 특성을 가지고 있다. 따라서 본 저서에서는 1978년 개혁개방부터 2013년까지 출판된 《연변일보(조선어판)》의 언어를 연구대상으로 개혁개방 후 중국조선어의 변화, 발전 양상을 살펴보았다.

본 연구의 논의는 아래와 같은 순서로 진행되었다. 1장에서는 연구목적을 제시하고, 2장에서는 중국조선족의 이주와 정착 시기 중국조선어의 사용을 검토하였으며, 3장에서는 중국조선어의 갈등과 통합을 논하였다. 4장에서는 문화다양성과 복합정체성의 시각에서 중국조선어의 특성과 중국조선어의 발전 방향을 제시하였고, 5장에서는 앞부분의 연구 결과를 종합하고 향후의 과제를 제시함으로써 연구를 마무리 지었다.

이 책을 내면서 우선 본 연구 및 출판에 지원을 준 한국학진흥사업단, 그리고 본 연구의 기회를 마련해 주시고 많은 관심을 주신 김윤태 소장님을 비롯한 연구과제 공동연구원들께 감사드린다. 다음 이 저서의 집필 과정에 도움을 주신 여러 연구자분들과, 중앙민족대학교 박사를 졸업하고 청도대학교 한국어학과 강사로 있는 심해란 선생에게 감사의 마음을 표하면서 독자들의 기탄없는 비평과 조언을 바란다.

끝으로 이 책의 원고를 꼼꼼히 편집해 주신 한국학술정보(주) 출판사업부 관계자분들께도 감사드린다.

목차

제1장

서 론

1. 연구 목적 및 의의

현재 중국 경내에서 사용하는 조선어는 한반도에서 사용하는 한국어(조선어)와 기원이 같은 언어이다. 중국조선어는 조선인들이 한반도에서 중국 동북 지역에 이주하여 자신의 삶의 터전을 개척하면서부터 지금까지 줄곧 사용해온 언어이다. 이렇게 줄곧 오늘날까지 자기 모국어를 보유하고 있는 중국조선족들은 19세기 중후반에 중국에 이주하여 온 사람들과 그들의 후세들이다.

중국조선족들은 중국으로 이주하면서 자연-지리적 환경이 달라지고 정치·경제·문화적 환경이 달라짐에 따라 그들의 언어에는 새로운 변화들이 나타났다. 중국에 이주하기 전에 쓰이던 조선어를 적극적으로 사용하고 있지만 중국의 여러 차례에 걸친 정치운동과 경제개혁에 의해 언어 체계가 변화를 입기도 하였다. 특히 1978년부터 진행된 개혁개방 정책은 중국조선어에 큰 변화를 일으켰다.

1978년 중국공산당 제11기 중앙위원회 제3차 전체회의(이하 '중국공산당 제11기 3중전회'로 약칭)에서는 실사구시 사상을 재확립하여 계급투쟁 대신 사회주의 현대화건설을 당의 사업 중심으로 전환하였고 대내개혁(對內改革), 대외개방(對外開放)의 정책을 실시하였다. 개혁개방 정책 실행 이래 중국은 급속한 공업화와 고도의 경제성장을 이루었고, 이로 인해 모든 사회 영역에서 큰 변화를 경험하고 있다. 이러한 변화는 언어에 반영되어 음운, 문법, 어휘 등의 면에서 변화를 가져왔는데 그중 어휘의 변화가 가장 뚜렷하다. 개혁개방 정책을 실시한 지 근 40년이 되는 오늘날 중국조선어의 변화는 여러 면에서 발견되는데, 현시점에서 중국조선어의 변화 양상을 살펴볼 필요가 있다. 따라서 본 연구는 1978년의 중국공산당 제11기 3중전회에서 개혁개방 정책을 실시한 시점으로부터 오늘날까지 중국조선어가 어떠한 변화를 가져왔고 앞으로 어떠한 방향으로 발전하는가를 검토해 보는 데 목적을 둔다.

일정한 시기의 언어 변화를 연구하는 것은 언어 변화의 특징과 발전 추세를 파악하는 데 매우 유리하다. 따라서 본 연구는 중국조선어의 변화 특징을 살펴볼 수 있고 앞으로 중국조선어가 어떻게 변화, 발전할 것인가를 예측할 수 있는 토대를 마련할 수 있다는 데에 의의가 있다.

2. 연구 대상 및 방법

본 연구는 1978년 개혁개방 후부터 오늘날까지의 중국조선어의 변화를 검토한다는 점에서 기존의 연구와 다르다고 할 수 있다. 기존의 연구 성과를 종합해 보면 많이는 한 시기의 중국조선어 변화를 검토하는 공시적 연구가 주를 이루고 있다. 개혁개방으로부터 최근까지 근 40여 년의 중국조선어의 변화를 연구하는 통시적 연구는 크게 시도된 바가 없다고 해도 과언이 아니다. 비록 150여 년의 중국조선어 역사에 비해 개혁개방부터 현재까지의 언어는 시간상으로 짧은 편이나 이 시기의 중국조선어는 큰 변화를 가져왔다. 따라서 이 시기의 중국조선어의 변화를 연구하는 것은 매우 큰 현실적 의의를 가진다.

본고의 연구 대상은 개혁개방 후 중국조선어의 변화, 발전 양상인데 여기에서는 중국조선어의 이주와 정착, 중국조선어의 갈등과 통합을 논한 다음, 문화 다양성과 복합 정체성 부분에서는 중국조선어의 변화 양상을 논하고 중국조선어의 정체성과 그 발전 방향을 제시하려고 한다. 중국조선어의 변화 양상에서 중국조선어의 어휘 변화를 중점적으로 검토하고 음운과 문법 변화는 간단히 논하려고 한다. 언어의 諸 要素 중 어휘구성은 사회의 변화, 발달에 대하여 가장 민감하게 반영하기 때문에 어휘의 변화를 중점적으로 검토하는 것은 중국조선어의 변화를 반영하는 데 제일 적합하다.

기존의 중국조선어 어휘 연구들은 그 연구방법에 있어서 조사연구가 대부분을 차지하고 있다. 조사연구에 나타나는 어휘의 특성에 대하여 기술하는데 기존의 연구 범위는 매우 한정적이다. 그리고 일부 연구에서도 교과서를 연구 대상으로 선택하였기 때문에 어휘의 전체 변화 양상을 판단하기에는 부족하다.

본고의 중국조선어 어휘 연구 범위는 1978년 개혁개방부터 2013년까지 출판된 ≪연변일보(조선어판)≫에 실린 어휘들이다. 1979년부터 2013년까지 매년 1월 10일과 7월 10일에 실린 기사를 매 부 3~4개씩 모두 212개를 무작위로 추출하여 어휘를 통계하였다.[1] 추출된 기사는 정치, 경제, 문화생활, 스포츠, 국제 등 여러 영역의 내용이 모두 포함되어 있다. 추출된 영역의 내용을 <표 1>로 보이면 다음과 같다.

<표 1> ≪연변일보(조선어판)≫ 기사를 영역별로 추출한 개수 (1979~2013년)

기사 영역	정치	경제	문화생활[2]	스포츠	국제
통계 개수	47	68	77	14	6
합계	212				

---

1) 본고에서 사용된 일부 예문은 통계한 날짜 외에 출판된 ≪연변일보(조선어판)≫의 기사와 중국 국내 조선어잡지에서 추출한 내용도 포함된다.
2) 문화생활에는 문화, 사회, 예술 등 여러 영역의 내용이 모두 포함되어 있다.

신문은 그 사회의 시대상을 반영하는 창구이며, 사회에 변동이 있을 때마다 어휘의 변화가 일어남을 전제로 했을 때 신문은 비록 한정된 자료이기는 하나 그 시대상을 여실히 보여준다는 이점이 있다. 그리고 신문은 비록 신문만의 독특한 문체적 특성이 있긴 하나 사회, 경제, 문화, 예술, 정치, 스포츠 등 모든 분야를 통틀어 다룬다는 면에서 보편성을 띠고 있다. ≪연변일보(조선어판)≫³⁾는 중국조선족들이 꾸리는 신문으로서 가장 대표적인 신문이라고 해도 과언이 아니다. 따라서 본고에서는 중국 경내에서 조선족 최대의 언론지인 ≪연변일보(조선어판)≫를 중국조선어 어휘 연구의 범위로 정하였다.

본고에서 중국조선어 어휘 연구의 자료 검토 방법은 아래와 같다. 먼저 1979년부터 2013년까지 ≪연변일보(조선어판)≫의 매년 1월 10일, 7월 10일에 실린 기사를 매 부 3~4개씩 추출하여 입력한다. 여러 가지 원인으로 1월 10일 혹은 7월 10일에 신문이 출간되지 않았을 경우 9일 혹은 11일의 기사를 추출하여 입력한다. 그리고 입력된 자료의 제한성으로 인해 추출된 자료 외에 다른 날짜에 실린 ≪연변일보≫의 내용과 일부 잡지의 내용을 검토하기도 한다. 다음으로는 입력된 자료를 중국조선어의 어휘 유형에 따라 고유어, 한자어, 외래어, 관용표현 등으로 나누어 분류한다. 마지막으로 각 유형의 어휘를 체계적으로 검토하고 어떠한 변화가 나타나고 있는가를 살펴본다.

본 연구의 논의는 아래와 같은 순서로 진행된다.

제1장에서는 연구 목적과 의의를 제시하고 연구 대상과 연구 방

---

3) 1948년 4월 1일에 ≪연변일보(조선어판)≫가 창간되었다. ≪연변일보(조선어판)≫ 발간 주기는 일간지이며 중국 전역을 배포 지역으로 5만 부 정도 발행하고 있다. 지금은 중국 국내는 물론 한국, 조선, 일본, 미국, 캐나다 등 지역에서도 소량 발행되고 있다.

법을 설명하며 선행연구에 대해 검토해 볼 것이다. 연구 목적과 의의에서는 연구의 필요성을 제시하고 연구 대상에서는 논문의 연구 대상을 밝히고 연구 방법에서는 논문의 전개 순서와 자료 검토 방법을 제시할 것이다.

제2장은 이주와 정착 부분인데 여기에서는 중국조선족의 이주와 정착 및 이주와 정착 시기 중국조선어의 사용으로 나누어 논하려고 한다. 중국조선어의 이주와 정착을 논하기 전에 중국조선족의 이주와 정착에 대하여 논할 필요가 있으며 먼저 이 부분을 논하는 것은 중국조선어의 이주와 정착을 이해하는 데 도움이 된다. 그리고 이주와 정착 시기의 중국조선어의 사용을 이주초기~1945년까지의 중국조선어 사용과 1945년~1978년까지의 중국조선어 사용으로 나누어 검토할 것이다.

제3장은 갈등과 통합 부분인데 여기에서는 중국조선어의 갈등과 중국조선어의 통합으로 나누어 논하려고 한다. 중국조선어의 갈등 부분에서는 개혁개방 후 중국조선어가 걸어온 과정을 간단히 논하고 갈등을 겪게 된 원인을 조선 문화어의 영향, 한어의 영향, 한국어의 영향으로 나누어 검토하려고 한다. 중국조선어의 통합 부분에서는 중국조선어의 특징에 대해 논하는데 그 특징을 중국조선어 음운 및 표기의 특징, 중국조선어 문법의 특징, 중국조선어 어휘의 특징, 중국조선어 변화 특징 등으로 나누어 체계적으로 검토할 것이다.

제4장은 문화 다양성과 복합 정체성 부분인데 여기에서는 중국조선어의 변화 다양성과 중국조선어의 복합 정체성으로 나누어 논하려고 한다. 중국조선어의 변화 다양성에서는 중국조선어의 변화를 음운의 변화, 문법의 변화, 어휘의 변화로 나누어 검토하고 어휘의 변화를 중점적으로 논하려고 한다. 개혁개방 후 중국조선어 어휘의

변화를 고유어 사용의 변화, 한자어 사용의 변화, 외래어 사용의 변화, 관용표현의 변화, 기타 등으로 나누어 구체적으로 검토하려고 한다. 중국조선어의 복합 정체성에서는 중국조선어의 정체성과 나아가야 할 발전 방향에 대해 논하려고 한다.

제5장은 결론 부분으로서 여기서는 앞 장절들에서의 연구 결과를 종합하고 향후의 과제를 제시함으로써 연구를 마무리 지을 것이다.

본 연구에서 특별히 제기될 것은 중국조선어와 한국어는 아직까지 맞춤법에서 서로 다른 원칙이 존재하기 때문에 본고의 중국조선어 예문에 대하여서는 중국조선어의 맞춤법에 따라 그대로 제시할 것이다.

3. 선행 연구

1978년 개혁개방 이전까지만 하여도 중국조선어에 대한 연구는 많지 않다고 할 수 있다. 1978년 중국의 개혁개방과 더불어 1992년 중한 양국 간의 국교 정상화가 이루어지면서 중국조선어에 대한 연구는 비교적 활발히 진행되어 왔다.

1) 중국조선어 음운에 대한 연구

개혁개방 후 중국조선어의 음운에 대한 연구는 그리 많이 이루어지지 않았다.

전학석(1982)에서는 훈춘 지역 조선어의 음운체계에 대하여 논하였고 전학석(1988)에서는 길림성 연길 지역어와 요령성 개원 지역 조선어, 중세 조선어의 성조를 대조한 연구를 진행하였다.

채옥자(1999)에서는 연변 지역 조선어의 활음화에 대하여 논하였는데 이 연구는 연변 지역 조선어의 공시적 음운과정에 대한 본격적인 연구라 할 수 있다.4) 그리고 채옥자(2002)에서는 도문 지역 조선어를 중심으로 한 연변지역 조선어에 대한 전반적인 음운현상을 音節末 音節과 語尾初 音節로 분류해서 분석하였다.

최명옥(2000)은 연변 지역 한국어에 대하여 음운, 어법, 어휘 면에서 언어사실을 종합적으로 정밀하게 기술한 공시론적 연구이다. 연변 지역어의 음운에 대해서는 음운 목록, 음운 과정과 음운 규칙으로 나누어 논의하였다.

이주행(2005)에서는 사회언어학적인 관점에서 중국에 살고 있는 조선족과 한국에 살고 있는 한국인들 중에서 10대와 20대의 한족어 (韓族語)의 음운 실현 양상에 대하서 비교 고찰하였다.

강용택(2006)에서는 중국조선족 10대, 20대 청년들의 언어 사용에서의 음운변이 현상에 대해 검토하였는데 그 결과를 보면 중국조선족 청년들의 입말에는 아직도 방언적 잔재현상들이 남아있음을 알 수 있다.

2) 중국조선어 문법에 대한 연구

개혁개방 후 중국조선어의 문법에 대한 연구는 활발히 이루어졌고 조선어 문법 전반을 다룬 문법서들이 많이 출판되었다. 그 문법

---

4) 최명옥(2000), 「중국연변지역의 한국어 연구」, 『한국문화』 25, 서울대학교 한국문화연구소, p25.

서들로는 ≪조선어 문법≫(최윤갑, 1980), ≪조선어 실용문법≫(서영섭, 1981), ≪조선어 문법≫(동북 3성 조선어 문법편찬소조, 1983), ≪현대조선어≫(강은국, 1987), ≪조선말 구두어문법≫(최명식, 1988), ≪조선어 문법리론≫(리귀배, 1989), ≪조선어 문법≫(강은국, 1990), ≪조선어 기초문법≫(선덕오, 1994), ≪조선어 문법≫(최명식・김광수, 2000), ≪조선어 문법론≫(리영순・김기종, 2006), ≪조선어 문법≫(김철준・김광수, 2008), ≪현대조선어 문법론≫(김광수・강미화・황혜영, 2013), ≪우리말 문법≫(강용택, 2013) 등이 있다. 여러 문법서 중에서 대학교에서 배우는 조선어 문법서로는 ≪조선어 문법≫(최윤갑, 1980)이며 어음론, 문법론, 문장론으로 구성되었다. 이 저서는 중국조선족 조선어 문법의 기틀을 마련하였다고 할 수 있다. 저자는 다년간 문법 교수의 경험을 총화하고 지난날 여러 학자들의 문법 연구 성과를 집대성하여 대학생들과 중학교 초등학교 선생님 그리고 조선어문 사업일꾼들을 대상으로 편찬한 것이라고 하였다.[5]

중국조선어 문법에 대한 연구는 대량의 문법서들이 출판된 외에 형태론, 통사론을 개별적으로 다룬 논문들도 많다. 이러한 연구들은 위의 문법서에 기초하여 진행되었기에 여기에서 검토하지 않기로 한다.

3) 중국조선어 어휘에 대한 연구

개혁개방 후 중국조선어의 어휘에 대한 연구는 활발히 진행되었

---

5) 김광수・리영실(2011), 「중국에서의 조선어연구 현황과 전망」, 『중국조선어문』 170, 길림성 민족사무위원회. P12.

는데 그 선행 연구를 중국조선어의 한어 차용에 대한 연구, 중국조선어 외래어에 대한 연구, 중국조선어 관용표현에 대한 연구, 중국조선어 어휘규범에 대한 연구, 중국조선어와 한국어 어휘에 대한 통합 연구 등으로 나누어 볼 수 있다.

(1) 중국조선어의 한어 차용에 대한 연구

중국조선어는 문법에서 철자법, 표준발음법, 문장부호법, 외래어 표기법에 이르기까지 거의 조선의 것을 받아들여 썼다. 하지만, 한자어에 관한 규범에서는 조선의 것을 그대로 받아들일 수 없었다. 중국조선족은 중국이라는 특수한 언어적 환경 때문에 한어에서 많은 어휘를 차용하여 사용하고 있다. 개혁개방과 더불어 사회가 발전함에 따라 새로운 사물, 새로운 제도, 사건이 생기면서 이를 표현해야 할 말도 생기게 되었다. 그중에서도 한어 차용 문제는 중국조선족 학자들의 주요한 관심사로 되어 왔고 연구도 가장 일찍 시작되어 가장 많이 연구된 분야 중의 하나이다.

최윤갑(1991)에서는 중국조선어에 들어온 한어 차용어에 대해 분석하고 있는데 주로 차용이 생기는 원인과 차용 방식, 중국조선어에서의 한자어의 표기와 인명・지명에서의 한어의 차용 및 차용어를 음운론적으로 분석하여 기술하고 있다.

리득춘(2004)에서는 조선어 어휘의 이원체계와 漢源詞[6]에 대해 기술함으로써 주로 조선어 어휘에 들어있는 漢源詞와 한자어의 개념과 차이점, 漢源詞와 한자어의 학습에 있어서 주의해야 할 점에 대해 제시하였다.

---

6) 여기에서 말하는 漢源詞란 중국 漢語에서 온 단어들을 가리킨다.

김홍련(2006)에서는 중국 연변사회과학원 언어연구소에서 편찬한 ≪조선말사전≫에 수록된 한반도 남북에서 쓰이지 않는 한어 기원 한자어를 연구대상으로, 중국어 기원 한자어가 어떤 과정을 통해 조선어에 수용되었으며, 그 과정에 어떤 문제점들이 존재하는가를 밝힘과 동시에 앞으로의 발전 방향에 대해 제시하였다.

최란화(2010)에서는 중국조선어에 대한 한어의 침투현상을 연구대상으로 조사, 분석하여 연변지역 조선족의 이중 언어 사용실태와 한어 침투에 의한 중국조선어의 변화에 대해 살펴보았다.

남명옥(2011)에서는 현대 한어에서 기원된 한자어를 대상으로 한어 기원 한자어의 정의와 수용 양상, 그리고 한어 기원 한자어의 의미 특성을 살펴보았다.

(2) 중국조선어의 외래어에 대한 연구

장흥권(1983)은 만주어, 몽골어, 티베트어, 위구르어, 카자흐어와 같은 타민족어에서 받아들인 외래어를 제시하고 중국조선어에 유입된 외래어들을 품사별로 정리하였으며 외래어의 구조적 특징으로 준말과 혼종어 형태를 논의하였다. 장흥권(1993)에서는 1990년을 전후로 약 4년 사이에 중국조선어 출판물들에 나타난 외래어들을 조사, 분석하여 그 사용실태, 어원기원, 의미구조, 형태구성 등을 검토하고 남북한에서 쓰이는 대응어와 대조하여 그 공통점과 차이점을 밝혔다.

리동철(1986)에서는 영어, 프랑스어, 러시아어, 독일어, 네덜란드어에서 기원한 외래어를 확인하고 중국조선어 화자들의 구어에 많이 남아 있는 "에노구, 에리, 다마네기, 스루메"와 같은 일본어 잔재

현상에 대하여 논의하였다.

김성수(1988)에서는 외래어의 구조적 특징을 혼종 형태와 약어(준말) 형태로 파악하고 중국의 개혁개방과 함께 해방 후 소극적으로 쓰이던 외래어들의 부활을 지적하고 있다.

심련화(2002)에서는 중국조선어에서의 외래어와 한국어에서의 외래어 어휘를 비교 분석하여 그 차이를 알아보고 이러한 차이가 생기게 된 요인들을 밝혔다. 특히 외래어 가운데 한국 외래어와는 다른 특징적인 중국조선어 외래어에 대해 살펴보았다.

류은종(2003), 리영화(2011)에서는 한국으로부터 외래어가 대량으로 유입되어 중국조선어에 나타난 남용 또는 혼용 현상에 대하여 연구하였다.

(3) 중국조선어 관용표현에 대한 연구

리혜명(2001)에서는 중국어 성구 번역의 요령에 대해 기술하였고, 김일(2004)에서는 중국어 성구를 중국조선어로 번역하는 가운데서 부딪치는 문제와 해결방안에 대해 기술하였다. 심현숙(2003)에서는 중국조선어 관용형의 지도방안에 대해 기술하였고, 심경호(2012)에서는 중국조선어 성구와 속담의 구별점, 성구와 속담 교수에 대해 기술하였다.

(4) 중국조선어 어휘규범에 대한 연구

중국조선어 어휘규범화에 대한 연구는 김기종에 의해 많이 진행되었다.

김기종(1990)에서는 중국조선어 어휘규범화 작업의 필요성과 특수성 및 어휘규범화 작업이 걸어온 길, 어휘규범화 기준과 원칙, 어휘규범화 작업에서 나타나는 문제점에 대해 기술하였고, 김기종(1992)에서는 중국조선어 규범 사전에서의 표제어의 수록 원칙과 표제어의 성격에 대해 기술하였다. 김기종(2000)에서는 개혁개방 후 중국조선어에서의 새말 생성과 중국조선어 규범화 연구에 대해 기술하였다.

(5) 중국조선어와 한국어 어휘에 대한 통합 연구

박갑수(1997)에서는 중국조선어와 한국어 어휘의 차이를 파생어, 고유어, 한자, 방언, 복수표준어, 사회제도관계어, 외래어, 관용구, 의미, 신어, 발음으로부터 설명하였고, 김순녀(2000)에서는 조선어의 형성과 전개 과정을 살펴보고 양국의 사전 대조 작업을 통해 중국조선어와 한국어의 어휘를 비교 분석하여 이질화의 변인들을 구명하였다.

4) 중국조선어에 대한 통합 연구

최윤갑(1990)에서는 중국조선어의 변화를 어음의 변화, 문법 구조의 변화, 어휘구성의 변화로 나누어 설명하였고, 최윤갑(1992)에서는 중화인민공화국 성립 후 조선어와 조선어 연구가 걸어온 길에 대해 어음, 문법, 어휘, 역사, 방언, 이중 언어 연구로 나누어 논하였다. 그리고 최윤갑·전학석(1994)에서는 중국, 조선, 한국에서의 조선어 차이에 대한 연구를 서사법, 표준발음법, 어휘, 조선어규범문법 등으로 나누어 논하였다.

김동소·최희수·이은규(1994)에서는 중국조선어에 대한 연구를 중국조선어 역사 개황, 중국조선어에 미친 중국어의 영향, 중국조선어의 이질화 현상 등 세 부분으로 나누어 검토하였다.

허동진(2007)에서는 중국조선어의 음운, 문법, 규범화뿐만 아니라 이중 언어 연구, 언어 접촉 현상 등에 대하여 논하였다.

상술한 바와 같이 개혁개방 후의 중국조선어의 연구는 주로 음운, 문법, 어휘 및 중국조선어 통합연구로 이루어졌다. 중국조선어에 대한 연구는 활발히 진행되었지만 언어 변화에 대한 연구는 아직 미흡하다. 중국조선어의 언어 변화가 복잡하고 다양하여 이에 대한 지금까지의 연구는 연구 범위가 한정적이고 제반 현상의 나열과 약간의 분석에 그치고 있는 실정이다. 따라서 본 연구는 그동안 미흡한 부분인 개혁개방 후 중국조선어의 변화, 발전 양상에 대하여 연구하고 중국조선어의 발전 방향에 대하여 제시하려고 한다.

제2장

이주와 정착

1. 중국조선족의 이주와 정착

중국조선족은 역사상 한반도에서 중국 경내로 이주한 민족으로서 주로 중국 동북 지역에 이주하여 지금은 중국 국적을 가지고 중화인민공화국 정부의 영도하에 연변조선족자치주, 장백조선족자치현 集居區를 설립하였다. 雜居지역[7])에서는 각 거주 지점에 따라 30여 개의 민족자치향과, 100여 개의 민족자치촌을 형성하여 스스로 자치사무를 처리하고 있다.[8])

조선족의 대부분은 19세기 중·후반부터 20세기 40년대에 중국으로 이주한 사람 또는 그 후손들이다.[9]) 潘龙海·黃有福(2002)에서는 조선족의 중국 이주를 네 개의 시기로 정리하였다.[10])

1차 이주는 1875년과 1881년을 전후하여 奉天省과 吉林省에서 封禁令을 폐지하고 扶民局과 荒務局을 설치하여 이주민들로 하여금 황무지를 개간하고 농사를 짓게 하면서부터 시작되었다. 1860년부터 70년까지 한반도 북부에서는 연속 흉년이 들었는데 기아민들이 생계를 위해 豆滿江과 鴨綠江을 건너 중국 동북부로 들어오게 되었다.

2차 이주는 1897년 러시아가 淸俄密約을 통해 시베리아철도의 중국 통과 노선인 東淸鐵道의 부설권을 획득한 사실과 연관된다. 철도 공사를 위해 한반도 북부 거주민 및 초기에 沿海州로 천입한 조

---

7) 다른 민족과 雜居하여 있는 중국조선족 散居 지역을 말한다.

8) 전신욱(2002), 「중국조선족의 과거, 현재 그리고 미래」, 『한국정책과학학회보』 6-1, 한국정책과학학회. P 76.

9) 중국조선족 역사의 시작을 역사학계에서는 明末淸初說과 19세기 60년대설, 이 두 가지로 보고 있지만 흔히 명말청초로부터 이주하기 시작하여 19세기 60년대 이후로부터 대량이주 하였다고 한다. 崔洪彬(2002) 참조.

10) 潘龍海·黃有福(2002), 『跨入21世紀的中國朝鮮族』, 延邊大學出版社.

선인들이 노동자로 고용되었다. 철도가 완공된 후 많은 노동자들은 철로 연선에 주거하여 농사를 짓거나 기타 일에 종사하면서 생계를 유지하였다.

3차 이주는 일본이 조선을 강제로 병합한 전후에 이루어졌다. 이 시기 식민지의 노예가 되기를 거부한 사람들과 일본의 식민 정책으로 인하여 땅을 잃고 파산하게 된 농민들이 대량으로 만주로 이주하였다.

4차 이주는 일본이 중국의 동북 지역을 점령한 후에 계획적으로 반강제 이주를 실행하면서 시작되었다.[11)]1936년 僞滿洲國[12)]과 조선총독부는 '이민 협정'을 체결하고 매년 조선에서 만주국으로 1만 가호를 이주시켰다. 1941년에 일본 정부는 또 '개척민'이라는 이름으로 조선 남부의 사람들을 강제로 동북으로 이주시켰다. 1945년에 이르러 동북 각 지역에 거주하는 조선인 수는 170만 명을 초과하였다.

조선이 해방된 후 일본과 만주로부터의 대규모 귀환이 있었다. 이때 만주에 거주한 170만 명의 조선인 중에서 70만 명가량은 다시 한반도로 귀환하였다. 나머지 미귀환 조선인들은 중국공산당에 의한 대륙 통일과 더불어 중국 내의 한 개 소수민족으로 인정받고 정착하게 되었다. 1939년에 毛澤東은 <中國革命과 中國共産黨>[13)]에서 "중국 경내에 거주하고 있는 朝鮮人을 중국의 소수민족으로 인정한다."라고 하였다. 그러나 조선인들이 정식으로 '朝鮮族'이라는 이름을 부여받은 것은 중화인민공화국이 성립된 이후이다. 1949년에 제

---

11) 그 전에 1919년 3.1독립운동이 진압된 후 정치적 망명으로 인한 이주도 있었다.

12) 1931년 '9.18事變' 이후 일본이 중국 동북부에 세운 괴뢰 정권이다. 1945년에 패망한 僞滿洲國의 '領土'는 중국의 동북 3성, 내몽골 동부, 河北省 북부를 包括한다.

13) 毛澤東이 抗日戰爭 시기에 중국의 사회모순과 혁명 대상, 임무, 동기 및 성격에 관해 펴낸 政治著作이다.

정된 <中國人民政治協商會議共同綱領>[14)]에 의해 1952년 吉林省 延邊에 중국 내에서 가장 큰 조선족 집거지인 朝鮮族自治州가 설립되었다. '朝鮮人', '高麗人', '半島人' 등으로 불리던 조선인은 자치주가 건립되면서 '朝鮮族'이라는 공식적인 이름을 갖게 되었다. 이어 1958년에는 吉林省長白朝鮮族自治縣이 건립되고 吉林, 黑龍江, 遼寧, 內蒙古 등지에는 42개 朝鮮族自治鄕이 설립되었다.[15)]이렇게 되어 중국조선족은 중국공산당의 민족 정책하에 중국의 공민으로 평등의 권리를 갖게 되었다.

1960, 1970년대에 들어서서 중국조선족의 발전은 많은 저애를 받게 되었다. 특히 1966년부터 1976년까지 중국에서 진행된 '문화대혁명'[16)] 시기는 중국 소수민족정책에 있어서의 정책의 집행이 사실상 정지되고 기본적인 정책의 원칙마저 훼손되는 시기이다. '문화대혁명' 시기는 일반 한족 지역에 있어서도 피해가 컸던 정치운동이지만 소수민족 지역에서는 이중의 재앙이었다.[17)] 따라서 중국조선족들도 아주 큰 고충을 겪었다. 이 기간 중국조선족은 조선족으로서의 민족의식과 중국 국민으로서 국민 의식을 공유하면서 민족정체성의 혼란을 겪고 있었다.[18)]

그러나 1978년 12월, 중국공산당 제11기 3중전회에서 제정된

---

14) 이 강령은 1949년 9월에 열린 中國人民政治協商會議第一屆全體會議에서 제정되었다. 강령 제6장의 제51조에는 "各少数民族聚居的地区, 应实行民族区域自治, 按照民族聚居的人口多少和区域大小, 分別建立各种民族自治机关."("소수민족이 다수 거주하는 지역에는 지역자치를 실시한다. 인구비례와 지역 크기에 따라 자치지역 내에 민족 자치 기구를 구성한다."라고 하였다.)

15) 중국의 민족자치구역의 획분은 인구수와 구역의 大小에 따라 自治區, 自治州, 自治縣, 自治鄕으로 구분된다. 自治區는 省級이고 自治州는 地市級으로서 省 산하에 있으며 自治縣은 縣市級으로서 市 산하에, 自治鄕은 鄕級으로 縣 산하에 있다.

16) 문화대혁명은 중국 국가 주석인 모택동(毛澤東)이 1966년 5월에 일으킨 정치운동이다.

17) 김일억(2006), 「중국의 개혁개방과 소수민족정책 연구」, 대구가톨릭대학교 석사학위논문.

18) 김해란(2009), 「중국과 한국의 조선족정책이 조선족정체성에 미친 영향」, 전남대학교 석사학위논문.

개혁개방 정책이 본격적으로 실시되면서 중국조선족은 활기를 띠기 시작하였다. 개혁개방 정책과 시장경제 체제의 도입, 산업구조의 조정으로 인해 전통적으로 벼농사에 종사하던 중국조선족 사회에는 변화가 일어나기 시작했다. 땅에서만 얻는 수확으로 부유해지기 어렵다는 것을 인식하게 된 중국조선족들은 도시 진출을 시도하였고 대량의 인구 이동이 나타났다.

개혁개방을 계기로 하여 중국조선족 사회는 큰 변화가 일어나게 되었는데 개혁개방 이전의 파란만장한 시기를 중국조선족의 이주와 정착의 시기라고 한다면 개혁개방 후의 쾌속발전한 시기는 중국조선족 사회의 갈등과 통합의 시기라고 할 수 있다.

2. 이주와 정착 시기 중국조선어의 사용

현재 중국 경내에서 사용하는 중국조선어는 한반도에서 사용하는 한국어(조선어)와 기원이 같은 언어이다. 중국조선어는 조선인들이 한반도에서 중국 동북지역에 이주하여 자신의 삶의 터전을 개척하면서부터 지금까지 줄곧 사용해온 언어이다. 이렇게 줄곧 오늘날까지 자기 모국어를 보유하고 있는 중국조선족들은 19세기 중후반에 중국에 이주하여 온 사람들과 그들의 후세들이다. 2004년까지의 통계에 의하면 200만 중국조선족 가운데 길림성 연변조선족차지주에만 조선족 인구가 82만 481명으로서 연변 인구(217만, 126명)의 37.69%를 차지하고 있다.[19) 중국에 이주하여 오늘에 이르기까지 중

---

19) 姜永靚(2007), 「延邊朝鮮族自治州朝鮮族敎育指標的主成分分析表」, 『延邊大學學報』 33-1, 延邊大學.

국조선족들은 150여 년의 역사를 경과하면서 복잡한 언어 환경에서도 자신의 모국어를 고스란히 지켜왔다.

중국조선어의 기반은 근대 한국어에 있다. 그러나 근대 한국어에 기초하여 발전하기 시작한 중국조선어는 한반도의 한국어와는 다른 자체의 발전 역사의 길을 걸어왔다.[20]

언어의 발전 역사는 언어 자체의 내부 법칙에 의해 이루어지게 된다. 중국조선어가 걸어 온 길은 세 단계로 나눌 수 있다. 첫 번째 단계는 이주초기로부터 1945년까지, 두 번째 단계는 1945년부터 1978년까지, 세 번째 단계는 1978년부터 오늘까지이다. 첫 번째 단계를 중국조선어 형성시기라고 한다면 두 번째 단계는 정착의 시기이고 세 번째 단계는 변화 시기라고 할 수 있다.

아래에 중국조선어의 형성과 정착 시기의 조선어 사용에 대하여 간단히 논하려고 한다.

1) 이주초기~1945년까지의 중국조선어 사용

이주초기~1945년까지 시기는 중국조선어의 형성시기라고 말할 수 있다. 한반도에서 조선인들이 중국의 동북지역에 천입해오면서 조선어는 중국이라는 이 환경에서 조선족들 사이에 널리 쓰이기 시작하였다. 그러나 조선족의 정착과 조선어의 사용은 많은 시련을 겪게 되었고 이민족(異民族)의 언어, 풍속 습관이 강요되는 수난의 역사가 시작되었다.

청나라 정부는 19세기 40년대 초까지는 백두산을 중심으로 한 두

---

20) 김동소·최희수·이은규(1994), 「중국조선족 언어 연구」, 『韓國傳統文化研究』 9, 효성여자대학교 한국전통문화연구소.

만강과 압록강 이북의 천여 리 땅을 만족 발상지라 하여 이 지역에 대한 봉금정책을 실시하였다. 이 광활한 대지에는 만주족 외의 다른 민족들은 정착할 수 없었다. 이 시기 빈곤한 조선 농민들이 중국의 동북 지역에서 발을 붙이고 산다는 것은 결코 쉬운 일이 아니었다. 그러다가 청나라 정부에서는 1845년에 移民實邊政策을 실시하였고 1881년에는 봉금령을 취소하였다. 길림에는 황무국(荒務局), 훈춘, 연길 등지에는 초간국(草墾局)을 설치하고 두만강 북안의 길이 700 리, 너비 50리 되는 지역을 간민구(墾民區)로 확정하고 조선인들이 들어와 농사를 짓도록 허락하였다. 그러나 청나라 정부에서는 조선 인들이 농사를 지으려면 청나라 국적에 가입하고 雉髮易服을 하고 자기들의 풍속습관을 따라야 한다는 조건을 제시하였다. 당시 두만 강, 압록강 연안 일대에 거주한 사람들이란 조선인 외에 변경을 지 키는 청나라 만주족 기병(旗兵)들과 그들의 가족들뿐이었다. 조선인 들은 울며 겨자 먹기로 만주족의 통치를 받아야 했으므로 조선어-만 주어를 함께 사용하면서 생활하기 시작하였다.[21] 이러한 환경 속에 서 조선 이주민들은 마을에 서당을 세우고 우리말 교육을 실시하였 다. 이때부터 중국에서의 조선족 학교 교육이 시작된 것이라고 말할 수 있다. 당시 서당은 조선 이주민들에 의하여 설립된 초등 교육기 관이었다. 서당에서는 주로 한자를 가르치고 '삼강오륜'과 같은 유교 사상과 윤리 도덕 교육을 실시하였다. 서당의 언어교육은 주로 한학 을 전수하고 한글을 다소 익히는 맹아 상태에 있는 언어교육이었다.

1890년 의화단운동(義和團運動), 그리고 1911년 신해혁명(辛亥革命)으로 인한 청나라의 붕괴와 함께 연변 지역에는 만주족이 줄어들

---

21) 강보유(1994), 「중국조선족들의 이중 언어생활과 이중 언어교육」, 『語文論業 (第14.15號)』, 全南大學校國語國文學研究會 全南大學校出版部, P98~101.

고 19세기말로부터 이주해오기 시작한 한족의 수가 점차 늘어나게 되었다. 그러면서 한어가 자연히 한족과 만주족 사이의 공통어로 되었다. 이런 상황에서 조선 이주민들은 조선어-한어를 사용하면서 생활하기 시작하였다. 당시 정부는 조선 이주민들을 끌어 일본을 배척하려는 목적을 달성하기 위하여 조선인들이 세운 사립학교를 중국식 학교로 개편하고 조선 이주민들의 자녀들을 강제적으로 입학시켜 동화 교육을 시도하였다. 이러한 동화 교육의 영향하에 당시 연변 지역과 같은 조선인 집거구는 괜찮았으나 동북 지역 조선인 산재 지역은 동화 현상이 심각하였다.

한일합방 후 일본침략자들은 조선인들을 보호한다는 허울 밑에 북간도에 군대를 파견하여 조선인들의 반일투쟁을 탄압하는 한편 동화 교육을 실시하였다. 조선인들의 사립학교의 경영권을 빼앗고 일본어 수업을 필수과목으로 설치하였으며 일본어를 '국어'로, 일본 역사를 '국사'로 학습하도록 강요하였다. 조선인들은 조상으로부터 물려받은 자기의 성씨마저 일본 성씨로 바꾸어야만 하는 이른바 創氏改名의 수모를 당해야만 하였다. 이런 상황에서 조선인들은 조선어-중국어-일본어라는 이중 또는 삼중 언어생활을 하게 되었다.

조선인들은 만청(滿淸)통치 시기에는 만주족이 될 것을 강요당했고, 신해혁명 이후 중화민국 시기에는 한족이 될 것을 강요당했으며, 일본 제국주의가 동북을 강점한 이후에는 일본에 귀화할 것을 강요당했다. 이러한 열악한 환경에서는 중국조선어의 발전 또한 순조로울 수 없었다는 것은 더 말할 것도 없다. 그러나 조선인들은 불요불굴의 정신으로 자기 민족의 넋을 지켜왔고, 민족의 언어를 고수하여 왔다.

근대 한국어에 기초하여 발전해 온 중국조선어는 1945년까지 수난의 역사 속에서 고달픈 발걸음을 내디디며 근대 한국어 단계에서 벗어나지 못했으며, 한반도에서 형성된 현대 한국어의 영향을 적게 받았다. 게다가 중국어와 일본어의 영향으로 한국어와는 다른 차이점들이 늘어났다.22)

이 시기 중국조선어의 발전에 큰 영향을 끼친 것은 조선 동북방언이다. 조선인들의 중국 이동은 압록강과 두만강 연안으로부터 시작되었는데, 특히 두만강 이북의 간도성 용정은 일찍부터 조선인들의 문화 중심지였다. 연변 지역이 조선인들의 문화 중심이 되면서 조선 동북방언이 점차 중국조선어의 발전에 큰 영향을 주게 된 것이다.

중국조선어의 방언 분포는 주로 19세기 중엽 이후부터 조선인들이 중국의 동북 지역으로 이주해 오면서 생겨났다. 절대 다수의 조선어 방언들은 중국어의 망망한 대해 속에 포위되어 있으면서 자기 고유의 방언 특징들을 온전하게 보존하고 있다. 중국의 조선어 방언은 함경도 방언, 경상도 방언, 평안도 방언이 우세를 점하고 있고 전라도 방언, 충청도 방언, 경기도 방언들도 자기의 방언섬을 이루고 있다.

위에서 지적하였던 것처럼 이주초기부터 1945년까지의 중국조선어는 형성 초기의 언어로서 근대 한국어 단계를 벗어나지 못하고 근대 한국어에서 현대 한국어로 넘어오는 과도기에 놓여 있었다고 보는 것이 타당할 것이다.

2) 1945~1978년까지의 중국조선어 사용

1945년~1978년까지 시기는 중국조선어 정착의 시기라고 말할 수 있다. 1945년 8월 15일 일제가 투항하고 광복을 맞게 되자 중국

---

22) 김동소·최희수·이은규(1994), 「중국조선족 언어 연구」, 『韓國傳統文化研究』 9, 효성여자대학교 한국전통문화연구소.

공산당의 영도하에 중국의 조선족들은 진정한 민족평등 권리를 얻게 되었고 자기의 말과 글을 되찾게 되었다. 해방의 기쁨을 안은 조선족들은 새로운 민족문화 건설에 매진할 기회를 얻게 되었다. 중국에서 조선족은 그 어느 소수민족들보다 가장 일찍 자기의 신문, 방송, 예술단체를 조직하고 자기의 언어, 문자로써 민족교육을 시작하였다.

해방 후 조선족들은 조선어-한어 이중 언어생활을 시작하였다. 중국조선어의 발전 역사를 회고해 보면 해방 후 첫 십년은 생기를 띠고 발전한 시기였고, 1958년 후부터 근 20년은 극좌 사조의 교란으로 위축된 역사 단계라고 할 수 있다. 해방 후 첫 단계에는 현대 조선어가 확립되는 역사 단계였고, 두 번째 단계는 착오적인 언어 정책의 교란으로 한어의 영향을 많이 받은 시기였다.

1949년 9월 채택된 <중국인민정치협상회의 공동강령>과 <중화인민공화국 헌법>에는 "각 민족의 언어와 문자는 일률로 평등하며 각 민족은 모두 자기의 언어와 문자를 사용하고 발전시킬 권리를 가진다."라고 규정하였다.

1952년 9월 3일 연변조선족자치주가 성립되었다. 당시 자치주 <인민정부 조직조례>에는 "연변조선족자치주 인민정부는 조선문을 직권을 행사하는 주요한 공구로 하며, 동시에 통용되는 한문을 채용한다."라고 하였다. 이렇게 법적으로 정부급의 이중 언어 제도가 확정되어 조선어문이 처음으로 연변에서 공용어문의 지위를 얻게 되었다. 이 시기 조선족 간부와 군중은 적극적으로 중국조선어를 배우는 동시에 한어를 배웠고, 반대로 한족도 중국조선어를 배우는 열기가 고조되었다.

1963년, 중국조선어는 평양 문화어를 기준으로 하라는 주은래 총리의 지시는 중국조선어의 발전 방향을 제시하는 데 긍정적인 역할을 놓았다.

소수 민족의 언어 문자가 법률의 보호를 받게 된 것은 중국 역사에서 전대미문의 획기적인 사건이었다. 이로 인하여 조선족들은 자유롭게 자기의 언어 문자로 민족 교육을 발전시키게 되었고, 민족 언어·문자의 보급과 발전을 가져 오게 되었다.

그러나 1958년부터 1962년에는 '좌파'적 사조의 영향으로 중국조선어는 건전한 발전을 가져오지 못하였다. 1958년 민족교육 사업 분야에서 '민족융합론'의 '좌파'적 사조가 나타났다. '민족융합론'은 민족 간의 공통성을 강화하고 차이성을 축소하여야만 공산주의에로 전화할 수 있는 조건을 창조한다는 것이고, 민족 간의 공통성은 주체 민족인 한족을 따라 배워 한족과의 차이성을 축소해야 한다는 것이며, 사회주의 역사시기에 민족의 특수성을 강조한다는 것은 민족 간의 분열을 조장시키고 조국의 통일과 사회주의 사업을 해치게 된다는 이론이다.

이런 '좌파'적 사조는 민족 교육에 커다란 파괴적 영향을 일으켰다. 이 시기에 연변 지역에서는 조선족 학교와 한족 학교를 합쳐 민족 연합학교를 세웠으며 '약진적' 방법으로 교원들의 한어 회화 능력을 향상시켜 조선족 교원들이 교수에서 한어를 강의하게 하였으며 조선어 교수 시간을 최대한으로 축소하는 그릇된 경향이 나타났다.

1964년부터 정부에서는 민족교육에서 존재하는 문제에 대하여 규정을 하였으나 철저하게 진행되지 않아 중국조선어의 사회적 지위는 크게 실추되었다.

그리하여 조선어 교육과 한어 교육을 대립시켜 한어 학습으로 중국조선어 학습을 약화시키거나 대체하였다. 이 시기 민족어 교육은 좌절을 당하였으며 언어교육은 건전한 발전을 가져오지 못하였다.

'문화대혁명' 시기 공산당의 민족 정책은 여지없이 유린되고 파괴되었다. 그리하여 이 시기 중국조선어는 역사에서 보기 드문 대재난과 대파괴를 입었다. 언어 평등이 부정되고 중국조선어를 배우지 말고 한어를 배우는 것이 방향이라는 '조선어 무용론'이 고취되었다. 학교 교육에서 중국조선어 교육의 파괴는 교수 시간 수, 교수 내용과 교수 방법에서 표현되었는데 이 시기 중국조선어는 조선족 중, 소학교 과목 배치에서 중요한 위치에 놓이지 못하였고, 고중 과목 배치에는 심지어 조선어 과목을 취소하는 경향까지 있었다.

1945년부터 1978년까지 중국조선어는 발전하여 오는 역사 과정에서 발전도 있었고 좌절도 있었지만 중국조선어가 보존되고 발전해올 수 있었던 주요한 원인은 중국 정부의 정확한 민족 정책의 실시에 있었다. 강한 민족적 자부심과 정부의 유력한 제도가 없었다면 중국조선어는 오늘과 같은 발전을 가져올 수 없었을 것이다.

제3장

갈등과 통합

1. 중국조선어의 갈등

상술한 바와 같이 개혁개방 이전까지의 시기를 중국조선어의 이주와 정착의 시기라고 하면 개혁개방 후는 중국조선어의 갈등과 통합의 시기라고 말할 수 있다.

1978년 12월 등소평을 새로운 지도체제로 하는 중국공산당 제11기 3중전회가 성황리에 개최되었다. 이 회의에서 등소평은 중국에 자본주의 시장경제 체제를 전면 도입하는 개혁 정책 추진을 선언하였다. 개혁개방 후 중국은 정치, 경제, 사회 등 여러 면에서 큰 변화를 가져왔는데 중국조선어의 변화도 예외는 아니었다.

개혁개방 후 중국조선어는 순조로운 발전을 가져온 것이 아니라 갈등 속에서 변화하고 발전하였다.

중국조선어가 변화, 발전하여 온 길을 회고하면 다음과 같다.

1978년 동북 3성 조선어문사업위원회에서는 "평양을 따라 배우라"는 주은래 총리의 지시에 따라 중국조선어의 서사 규범과 어휘규범은 기본적으로 조선과 일치시키는 원칙을 채택하였다. [23]중국조선어의 어휘에서 보면 기본적으로 조선의 문화어를 따라 하였고 약간의 차이만 보이고 있을 뿐이다. 중국에서 만들어진 말이거나 중국의 특색을 띤 말의 경우는 1978년 12월에 <조선말 명사, 술어 규범화 원칙>을 제정하여 중국에서 명명한 대로 쓰는 원칙을 취하였다. 기존 어휘는 문화어처럼 그대로 쓰지만 새로운 명사나 술어는 중국조선어 단어 조성법에 맞게 만들어 쓰는 것을 원칙으로 한다하였다. 그러나 그렇게 할 수 없는 것은 한어나 다른 언어에서 받아들여 쓴

---

23) 1980년 제2차 연변조선족자치주 어문사업위원회로부터 "표준어를 계승하고 발전시킨다."는 기본 정신이 발표됨에 따라 "평양을 따라 배우라"는 원칙은 더 제기되지 않았다.

다고 하여 어휘 면에서는 문화어와 약간의 차이를 보이고 있다. 중국조선어에는 개혁개방 후 중국의 정치, 경제, 문화생활의 특성에 기인하여 한국어와 조선어에는 없고 중국조선어에서만 쓰이는 새로운 말이 생기게 되었다. 이것은 중국 한어의 영향에 의해 새로 생긴 말들이다. 한어의 영향에 의해 중국조선어의 어휘구성은 현저한 변화가 일어났다.

1980년 11월에 중공 연변주위(州委)에서는 제2차 조선어문 사업 회의를 소집하고 중국조선어가 연변에서 첫째 지위를 차지하는 언어라는 것을 분명히 밝혔다. 이는 중국조선족 문화의 중심지인 연변에서 중국조선어가 차지하는 지위와 작용에 대한 명확한 규정이었다.

1985년 1월에 ≪조선말규범집≫이 정식 출판되었다. 그리고 그해 10월 <연변조선족자치주 조례>에는 "자치주 기관은 직무를 집행할 때 조선어와 조선문, 한어와 한어문을 통용하되 조선어와 조선문을 위주로 한다."고 규정하였다. 이 뒤를 이어 1986년 1월 초에 연변조선족자치주 제9기 인민대표대회 제1차 회의에서 <연변조선족자치주 조선어문 사업 조례>를 발표하였는데 이 조례에서는 학교의 조선어 교육에 대해 처음으로 법적 규정을 하였다. 조례에는 자치주 기관은 조선족 어린이들에게 본 민족어문에 대한 훈련 사업을 중시해야 하고 주 내 중소학교 교수 용어는 본 민족의 언어를 써야 하며 어문 교수는 조선어문 교수를 위주로 하고 한어 교수도 강화해야 한다고 규정하였다.

1992년 한중 수교 후 중국조선어에는 큰 변화가 일어났다. 한중 수교 전까지 근 50년 간 중국은 조선과 교류하면서 중국조선어는 주로 조선의 문화어나 조선 방언의 영향을 많이 받았다. 중국조선족 문화의 중심지인 연변 지역의 언중들은 지금도 대부분 조선어에 근접한 말을 사용하고 있지만 한중 수교부터는 중국조선족들의 언어생활에 새로운 변화가 일어났다. 한국과의 교류가 빈번해지면서 한국어가 주목을 받게 되었는데 가장 두드러진 변화는 한국 표준어를 사용하는 사용자들의 증가이다. 한국어 표준어휘가 많이 유입되면서 중국조선어는 한국어 표준어의 영향을 많이 받고 있음을 실감할 수 있다.

1990년부터 중국조선어사정위원회 제7차 심사회의에서 중국조선족 자체의 <외래어표기법>세칙이 채택되었고 1996년에는 ≪조선말규범집(수정보충판)≫이 출판되었다. 최근 2007년 동북 3성 조선어문협의소조 설립30돌을 맞이하여 중국조선어사정위원회 편 ≪조선말규범집≫(연변인민출판사)이 출판되었는바 이 규범집은 1996년에 나온 ≪조선말규범집(수정보충판)≫을 바탕으로 필요한 수정을 가하고 보충한 것이다. 규범집에 수록된 모든 내용은 중국조선어사정위원회에서 심의, 채택한 것이므로 중국조선어 사용에서 반드시 지켜야 할 규범이라고 명확히 지적하였다.

1978년 후로부터 중국조선어는 현저한 변화를 보인다. 1978년 개혁개방, 1992년 한중 수교, 그리고 ≪조선말규범집≫의 여러 차례 출판이 그 변화의 원인이 된다. 중국조선어의 변화에는 음운, 문법, 어휘 등 변화가 있는데 그중 어휘의 변화가 가장 뚜렷하다.

개혁개방 후 중국조선어는 자체의 언어 규범뿐만 아니라 조선 문화어의 영향, 중국 한어의 영향, 한국어 표준어의 영향 속에서 변화, 발전하였는데 구체적인 표현을 보면 다음과 같다.

1) 조선 문화어의 영향

사회는 언어의 변화를 좌우지하는 요소라고 할 수 있다. 중국조선어의 경우도 예외가 아니다. 한중 수교 전까지는 중국과 조선의 관계가 밀접하였기 때문에 중국조선어는 당연히 조선 문화어의 영향을 받은 것만은 사실이다.

중국 정부에서 소수민족 정책을 실시하면서 동북 3성의 많은 곳에 조선족 학교가 설립되었는데 언어 교육은 조선의 문화어를 기반으로 하였다.

1977년 전까지 중국조선어의 언어 규범은 대체로 조선의 규범을 따라 조선의 문화어를 표준으로 삼았다. 그러다가 1977년 국무원의 결정에 의해 동북 3성 조선어문사업협의소조가 발족되면서 ≪조선말규범집≫을 독자적으로 제정하고 뒤이어 1985년, 1996년, 2007년 ≪조선말규범집≫ 수정, 보충판 들이 나오게 되었다.

그러나 이러한 규범집들은 조선 문화어의 기본적인 틀을 벗어난 것이 아니었다. 중국조선어는 조선의 문화어를 표준으로 삼았기 때문에 중국조선어에 대한 문화어의 영향은 절대 간과할 수 없는 실정이다. 개혁개방 후 중국조선어는 중국의 실정을 감안하여 독자적인 규범을 마련하였다고 하지만 여전히 문화어를 표준으로 삼고 있다. 한마디로 문화어를 근간으로 하는 중국조선어는 한국어보다 조선어에 가깝다고 할 수 있다.

이러한 원인으로 중국조선어 어휘에는 문화어 어휘들이 대량 들어있다.

중국조선어에서 사용하는 문화어 어휘들을 보면 다음과 같다.

ⓐ 고유어
몰붓다, 피타다, 단설기, 갈구리, 거마리, 눈까풀, 봇나무, 닭알, 인차, 망태기, 대강, 대수대수, 건너금, 량태머리, 답새기다, 얼빤하다, 심드렁하다, 눅다, 아츠랗다, 마스다 ……

ⓑ 한자어

의력(意力), 피형(-型), 혈형(血型), 회억(回憶), 매대(賣臺), 우점(優點), 담임교원(擔任敎員), 대방(對方), 력도(力度), 심태(心態), 악렬(惡劣)하다……

2) 중국 한어의 영향

중국조선족들은 중국에 거주하는 사람들이고, 중국조선어와 한어의 이중 언어생활자들이기 때문에 중국조선어는 중국의 共通語인 한어와 직접적으로 접촉하면서 한어의 간섭과 영향을 받게 된다. 개혁개방 후 중국조선어는 한어의 영향을 더 많이 받게 되었는데 이러한 영향은 음운, 어휘, 문법 등 여러 면에서 확인될 수 있다.

(1) 한어가 중국조선어 음운에 끼친 영향

장기적인 언어접촉은 필연적으로 언어 체계의 변화를 갖게 된다. 언어 체계 중 음운의 변화는 문법, 어휘의 변화에 비해 비교적 느리다. 중국조선어의 음운 체계는 한어의 영향으로 인해 새로운 음운의 생성, 음운 현상의 출현, 새로운 음절의 생성 등 현상이 나타나게 되었다.

첫째, 자음체계는 큰 변화가 없으나, 한어의 영향으로 새로운 음운이 나타났다. 즉 '[f], [ʂ], [tʂ], [tʂʰ], [x]' 등이다.

ⓐ

	새로 나타난 자음	기존 자음
방학	[f]: [faɦhak]	[p]: [paɦhak]
상해	[ʂ]: [ʂaɦhɛ]	[s]: [saɦhɛ]
정월	[tʂ]: [tʂəɦ̩wəl]	[tʃ]: [tʃəɦ̩wəl]
춥다	[tʂʰ]: [tʂʰupta]	[tʃʰ]: [tʃʰupta]
학교	[x]: [xakkjo]	[h]: [hakkjo]

위의 예문에서 볼 때 '방', '상', '정', '춤', '학'의 자음은 '[p], [s], [tʃ], [tʃʰ], [h]'로 표기하여야 하는데 한어의 순치음(脣齒音), 설첨후음(舌尖后音), 설면후음(舌面后音)의 영향으로 인해 중국조선어의 구어에서 '[f], [ʂ], [tʂ], [tʂʰ], [x]' 등 새로운 음운이 나타났다.

둘째, 중국조선어의 [p]음이 격음화되는 경향이 있는데 이는 한어음을 그대로 따르는 데서 일어나는 현상이다.

ⓑ	표준발음: [p]	구어발음: [pʰ]
飯店	반점 [pantʃəm]	판점 [pʰantʃəm]
批准	비준 [pitʃun]	피준 [pʰitʃun]
批發	비발 [pipal]	피발 [pʰi pal]
辦公室	반공실 [pankoŋsil]	판공실 [pʰankoŋsil]

셋째, 중국조선어의 음절 구성은 비교적 자유로우나 현대 중국조선어에는 일부 자음과 모음을 기피하는 형상이 있다. 예를 들면 자음 'ㅅ[s], ㅈ[tʃ], ㅊ[tʃʰ], ㅆ[s'], ㅉ[tʃ'], ㄷ[t], ㅌ[tʰ], ㄸ[t']'와 모음 'ㅑ[ja], ㅕ[jə], ㅛ[jo], ㅠ[ju], ㅒ[jɛ], ㅖ[je]'가 결합한 음절이 존재하지 않는다. 그러나 중국조선어에서 한어의 영향으로 인해 새로운 음절 구성이 나타났다. 즉 음절 '샤[sja], 슈[sju], 셰[sje], 됴[tjo], 툐[tʰjo], 쟈[tʃja], 쥬[tʃju]' 등이 구어에서 활발히 쓰이고 있다. 이러한 음절들은 원래 서면어에서도 반영되어 쓰이다가 그 후 절대 다수는 사용이 제한되었고 지금은 구어에서 활발히 쓰이고 있다.

(2) 한어가 중국조선어 어휘에 끼친 영향

1978년부터 중국은 개혁개방을 맞으면서 새로운 변화를 겪게 되었다. 개혁개방으로 인해 중국은 경제 성장을 촉진했을 뿐만 아니라 새로운 제도, 문물을 도입하였고 사람들의 사유 방식에도 큰 변화가 일어났다. 이 시기는 현대 한어가 새로운 어휘를 대폭적으로 수용한 시기라 할 수 있는데 정치, 경제, 문화 등 영역에서 새로운 어휘가 많이 나타났으며 이를 적극적으로 수용한 중국조선어에도 새로운 한자어나 관용표현들이 대량으로 나타났다.

ⓐ 국가발전 및 개혁위원회(國家發展和改革委員會), 심계국(審計局), 공회(公會), 과학발전관(科學發展觀), 일국량제(一國兩制), 사회주의 핵심 가치관(社會主義核心價値觀), 공적금(公積金), 경제특별구(經濟特區), 서부 대개발(西部大開發), 개혁개방(改革開放), 물질문명(物質文明), 정신문명(精神文明), 박사후(博士後), 두 다리로 걷다(兩條腿走路), 랭수를 끼얹다(潑冷水), 말 속에 말이 있다(話中有話)……

위의 예문에서 보면 정치, 경제, 문화, 교육 등 여러 영역에서 중국 한어 어휘가 중국조선어 어휘에 그대로 확산되어 쓰이는 현상을 볼 수 있다. 이들 어휘를 중국조선어로 순화하여 사용하지 않고 한어에 이끌리어 사용한 어휘들이다. 중국조선어가 한어의 영향을 입는 것은 불가피한 현상으로 보이지만 이런 어휘들이 증가할수록 한국어, 조선어(문화어)와의 간극이 더 넓혀질 것으로 예상된다.

중국조선어에는 이러한 한자 차용어가 대부분을 차지하는데 그 차용 형태는 주요하게 음역, 음차, 의역 등 세 가지 경우로 나뉜다.

ⓑ 한어 어휘를 음역한 경우
한류(韓流), 개발구(開發區), 보호산(保護傘), 농민공(農民工), 렴정건설(廉政建設), 희망공정(希望工程), 사영기업(私營企業), 개혁개방(改革開放), 방문학자(訪問學者), 초급시장(超級市場), 인재시장(人才市場), 초생유격대(超生遊擊隊)……

ⓒ 한어 어휘를 음차한 경우24)

치포(旗袍), 퇀장(團長), 다부샬(大布衫), 쌍발하다(上班), 쌍커하다(上課), 쌰발하다(下班), 쌰커하다(下課), 땐디(点滴), 땐스(電視), 띵하다(訂), 루샹(彔像), 맨보(面包)……

ⓓ 한어 어휘를 의역한 경우

검은무리(黑帮), 뒤문거래(走後門), 대물림보배(傳家寶), 종이범(紙老虎)25)……

이러한 차용형태는 중국조선어의 어휘 체계를 보충하는 반면에 한어의 영향이 심해짐에 따라 중국조선어 자체의 규범화나 발전에 적잖은 저애들을 초래하고 있다. 그러한 형태를 살펴보면 다음과 같다.

첫째, 중국조선어에서 어떤 사물의 개념을 표현하는 단어가 있는데 한어에서 유의관계에 있는 한자어를 차용한다. 이러한 형태는 기존 한자어에 새로운 한자어가 차용된 형태, 기존 고유어에 새로운 한자어가 차용된 형태로 나뉜다.

ⓔ | 기존 한자어 | 차용 한자어 | 기존 | 고유어 차용 한자어 |
|---|---|---|---|
| 졸업(卒業) | 필업(畢業) | 알곡 | 량식(糧食) |
| 간호원(看護員) | 호사(護士) | 미리 | 미연에(未然) |
| 계약(契約) | 합동(合同) | 집집마다 | 가가호호(家家戶戶) |

위의 예문에서 차용된 한자어는 모두 한어 어휘를 음역한 것이다. 유의관계의 한자어와 고유어가 있는데 한자어를 차용하는 것은 단

---

24) 예문에서 '치포, 퇀장, 다부샬'은 ≪조선말사전≫에 등록되어 있고 나머지 단어는 등록되어 있지 않지만 중국조선족의 일상생활에서 많이 사용되고 있다.

25) 검은무리(黑帮): '반동집단이나 그 성원'을 두루 이르는 말.
뒤문거래(走後門): 사람들의 눈을 피하여 부정당한 방법과 수단으로 어떤 물건을 거래하거나 문제를 해결하는 것.
대물림보배(傳家寶): '대를 이어가면서 계승하여야 할 훌륭한 전통 같은 것'을 비겨 이르는 말.
종이범(紙老虎): '겉으로 보기에는 힘이 센 것 같으나 실속은 아주 약한 것'을 비겨 이르는 말.

어 사용에 혼돈을 가져다 줄 수 있다.

둘째, 사용의 편리를 위해 구어에서 한어 어휘를 음차 하여 사용한다.

    ⓕ 아침 몇 시에 썅발(上班)하니?
    ⓖ 아직까지 땐쓰(電視)를 보니?

위의 예문들은 일상 구어에서 자연스럽게 쓰이고 있다. 중국조선어의 문장 구조가 변하지 않는 형태에서 한어 어휘를 음차 하여 사용한다. 그리고 구어에서는 중국조선어의 문장 구조에 한어 어휘를 직접 집어넣어 혼용하는 경우도 있다. 이러한 어휘는 대부분 '한어 어휘+하다' 형태로 나타난다.

    ⓗ 래일 삼성에 应聘하러 가자.
    ⓘ 래일 단위에 报道하러 가자.

위의 예문과 같이 '한어어휘+하다' 형태는 중국조선어도 아니고 한어도 아닌 어휘들이다. 이러한 어휘형태는 중국조선어의 어휘 체계뿐만 아니라 어휘규범화에 부정적인 영향을 주고 있다.

(3) 한어가 중국조선어 문법에 끼친 영향

한 언어가 다른 언어의 영향으로 인한 문법의 변화는 비교적 느리다. 그러나 두 언어의 장기적인 접촉은 문법 체계의 변화를 일으키기 마련이다. 한어가 중국조선어의 문법에 준 영향은 어순의 변화, 단어결합 형태의 변화, 조사의 생략으로 나누어 설명할 수 있다.

첫째, 한어의 영향으로 인해 문장에서 긍정문을 앞에 놓고 부정문을 뒤에 놓는다.

ⓐ 이 음식은 내가 먹자고 만든 것이지 너를 먹으라고 만든 것이 아니다.
　这食物是爲了我自己吃做的，而不是爲你做的。

　중국조선어의 언어 표현 방식은 문장에서 부정문을 앞에 놓고 긍정문을 뒤에 놓는다. 이것은 중국조선어의 서술어가 문장의 끝에 놓이기 때문에 의미 중심도 문장의 뒷부분에 있으며 긍정문은 의미 중심을 나타내는 부분이므로 문장의 뒷부분에 놓이게 된다. 그러나 한어의 서술어는 문장의 내부에 위치하여 있기 때문에 의미 중심도 문장 내부에 있으며 긍정문은 문장의 앞부분에 놓이게 된다. 따라서 위의 예문은 "이 음식은 너를 먹으라고 만든 것이 아니라 내가 먹자고 만든 것이다"라고 표현하여야 한다.
　둘째, 한어의 표현 방식에 따라 단어결합을 사용한다.

ⓑ	한어식 단어결합	중국조선어식 단어결합
效果顯著	효과가 현저하다	효과가 뛰어나다
事態嚴重	사태가 엄중하다	사태가 심각하다
物價上長	물가가 상승하다	물가가 올라가다

　서로 다른 언어는 언어 표현 방식에서 차이가 있기 때문에 단어결합 형태도 차이가 있기 마련이다. 그러나 위의 예문에서 볼 때 중국조선어는 한어 사유 방식의 영향을 받아 한어식 단어결합 형태를 사용하고 있는데 이것은 그릇된 표현 형태이다.
　셋째, 중국조선어의 구어에서 조사를 생략한다.

ⓒ 오늘 학교(에) 갔니? 今天去學校了吗?
ⓓ 래일 도서관(에) 공부하러 갈래? 明天去圖書館學習吗?

한어는 형태변화가 적은 반면에 중국조선어는 형태변화가 풍부하다. 중국조선어는 어휘 뒤에 붙는 조사, 어미가 문법적 기능을 담당한다. 중국조선어는 한어의 형태변화가 적은 영향을 받아서 구어에서 체언 뒤의 조사를 생략하는 경우가 많다. 위의 예문에서 '학교', '도서관' 뒤의 처격조사 '에'를 생략하였다.

중국조선어는 중국 소수민족 언어 중의 하나로서 한어의 영향을 받기 마련이다. 한어의 영향에서 중국조선어의 적극적인 발전을 촉진하는 면은 받아들이고 중국조선어의 언어 규범이나 언어 사유 방식에서 벗어난 언어 표현은 제때에 규범화하여야 한다. 이것은 중국조선어의 긍정적인 발전뿐만 아니라 중국조선족의 장기적인 발전과도 연관되는 과제이다.

3) 한국어의 영향

1992년 한중 수교 이후 양국의 교류가 활성화되면서 중국조선족 사회와 한국 사회의 거리도 부쩍 가까워졌다. 한국으로부터 진출한 기업이나 한국어 교육 기관의 영향으로 한국어가 중국조선어에 미치는 영향도 점차 커져가고 있다. 더욱이 한국의 위성 방송을 중국조선족 사회에서 시청하는 일이 많아짐으로써 자연스럽게 한국어의 사용을 널리 받아들이고 쓰게 되었다.

특히 중국에서 개혁개방 정책이 지속되면서 중국은 국제화와 정보화 시대를 맞이하게 된다. 이러한 사회적인 변화가 커지면서 언어 생활에도 영향을 미치기 시작하였다. 새로운 사물, 새로운 현상들이 수없이 쏟아져 나오면서 신어가 급증하게 되었는데 한어와 조선의 문화어를 빌려 규범화하는 일은 한계에 부딪칠 수밖에 없는 실정이다. 따라서 중국조선어에는 한국 표준어이거나 한국에서 널리 쓰이는 전문 용어가 중국조선어에 차용되는 경우가 점차 많아졌다.

ⓐ 고유어
찜질방, 몸짱, 얼짱, 도우미, 거듭나다, 깔창, 엄청, 일회용……
ⓑ 한자어
홍보하다, 선호하다, 할인하다, 담백하다, 오열하다, 공모하다, 외식, 고화질, 유기농, 자판기, 성수기, 화장지, 건강검진, 노래방, 동영상, 달인, 시식, 꽃미남, 연예계, 직장인, 항공권, 급부상, 신조어, 대기업, 고화질……
ⓒ 외래어
아이디어, 파트너, 채팅, 스마트폰, 세미나, 아르바이트, 노하우, 메시지, 에어컨, 가이드, 슈퍼마켓, 핸드폰, 스트레스, 이어폰, 서빙하다, 심플하다, 리드하다, 체크하다, 패스하다, 라이벌, 챔피언, 아이스크림, 샘플, 인테리어, 케이크, 로그인, 프린터, 엘리트, 쇼핑, 게임, 로션, 스킨, 메이크업, 다이어트, 월드컵, 리모컨, 스포츠, 리더, 캠퍼스, 박스, 프러포즈, 볼펜, 댄스, 오픈, 배드민턴, 서비스, 캠핑……

위의 예문에서 보면 중국조선어에서 한국어의 영향에 의해 받아들인 어휘들은 고유어뿐만 아니라 한자어와 외래어도 있다. 특히 일상생활에는 한국어에서 차용된 영어 외래어가 눈에 띄게 많이 사용된다. 예하면 '서비스, 다이어트, 스트레스, 샴푸, 스킨, 로션, 핸드폰, 쇼핑' 등과 같은 외래어는 일상생활에서 그 사용 빈도가 매우 높다. 예전에 러시아어로부터 차용한 '모터찌클(모터사이클), 플루스(플러스), 미누스(마이너스), 뜨락또르(트랙터)' 등 외래어가 많았는데 이젠 한국어에서 받아들인 영어 차용어가 많아지면서 중국조선어 외래어의 주축을 이루고 있다.

한국어의 영향으로 인해 차용된 어휘들은 중국조선어의 어휘 체계를 보충하는 반면에 일부 새로 받아들인 한국어 어휘들이 중국조선어 기존 어휘와 경쟁 관계에 있거나 기존 어휘를 대체하여 중국조선어의 어휘 사용에 영향을 주고 있다. 예하면 한국어에서 받아들인 '혼인신고, 지도교수, 향후, 청국장, 와이프, 커플, 유럽' 등 차용어들은 중국조선어 기존의 '결혼등기/결혼등록, 도사, 금후, 썩장, 안해, 연인, 구라파' 등 어휘들과 의미가 비슷하여 그 어휘 사용이 경쟁관계에 처하여있다. 그리고 한국어의 '에어컨, 다이빙, 테니스장, 아마추어' 등 차용어들은 중국조선어 기존 어휘 '공기조절기, 물에뛰여들기, 정구장, 업여' 등을 대체하여 사용되고 있으며 현재 중국조선어에서 이러한 어휘들은 사어(死語)가 되어 자취를 감추게 되었다. 이렇게 중국조선어는 한국어의 영향으로 많은 갈등을 겪고 있다.

2. 중국조선어의 통합

통합(integration)은 두 개 이상의 체제가 잘 기능하는 하나의 체제를 이룩하는 것을 의미한다.[26] 통합이란 여러 요소가 일정한 방식에 따라 상호 결합, 질서 있게 종합된 전체를 형성하는 작용 및 사회 구성원 사이에 높은 상호 작용이 있고, 그 구성원이 공통된 사회규범과 가치를 지녔으며, 공통된 권위에 대해 충성을 갖고 있는 상태를 가리킨다.

정치학에서 통용되는 통합의 개념은 "여러 부분들을 하나의 전체로 구성하게 하는 것 또는 상호 의존을 산출하는 것"으로 정의된다. 또한 통합은 체제가 변화해 가는 하나의 과정으로 파악되고 있으며,

---

26) 최현호(2003), 『남북한 민족통합론』, 형설출판사. P79.

이러한 과정을 거친 후 통합은 "구체적인 수단에 의해서 확인된 연합체의 수준"으로 정의된다.27)

　사회 통합이란 사회의 분화, 이질화, 분리, 차별, 불평 등을 전제로 한 공동체 구성원들의 동질화와 조화의 과정이다. 사회 통합은 민족이나 국가 내부의 다양한 구성 분자들 사이에 조화로운 공존 또는 융합을 달성하는 길고도 먼 과정(process)이라고 할 수 있다.28)

　민족 통합이란 정치, 경제, 사회, 문화 등 각 부분에서의 격차를 해소하고 서로 통합하는 것을 의미한다. 이러한 경우의 통합은 여러 부분의 조화로운 결합과 상호의존성을 의미한다.29)

　위에 제기된 정치학 통합, 사회 통합, 민족 통합의 개념에서 보면 모두 "여러 체제가 잘 기능하는 하나의 체제를 이룩하는 것을 의미한다."라는 '통합'의 개념이 잘 표현되었다. 따라서 언어적 통합이란 여러 언어의 상호 영향과 작용 속에서 서로 융합되어 한 개 언어가 자신만의 체계를 이룩하는 것을 의미할 수 있다. 중국조선어는 바로 형성으로부터 정착, 갈등으로부터 통합에 이르기까지 중국 한어, 조선 문화어, 한국어의 영향 속에서 발전하였고 현재 중국조선어 자체의 특징과 체계를 이루게 되었다. 즉 중국조선어는 갈등 속에서 자신만의 통합적인 특징을 갖게 되었다. 아래에 중국조선어의 통합적 특징을 음운 및 표기의 특징, 문법적 특징, 어휘의 특징, 변화의 특징으로 나누어 살펴보겠다.

---

27) 최현호(2003), 『남북한 민족통합론』, 형설출판사. P77.
28) 장경섭(1995), 「통일 한민족 국가의 사회 통합」, 『남북한 체제비교와 사회 통합』, 세종연구소, p421.
29) 통일부(2002), 『통일문제 이해』, 통일교육원, P5.

1) 중국조선어 음운 및 표기의 특징

(1) 음운 체계

중국조선어의 음운 체계는 큰 변화가 없으며 자음은 19개이고 모음은 21개로 구성되었다. 중국조선어의 자음과 모음의 차례는 다음과 같다.

'ㄱ, ㄴ, ㄷ, ㄹ, ㅁ, ㅂ, ㅅ, ㅇ, ㅈ, ㅊ, ㅋ, ㅌ, ㅍ, ㅎ, ㄲ, ㄸ, ㅃ, ㅆ, ㅉ'
'ㅏ, ㅑ, ㅓ, ㅕ, ㅗ, ㅛ, ㅜ, ㅠ, ㅡ, ㅣ, ㅐ, ㅒ, ㅔ, ㅖ, ㅚ, ㅟ, ㅢ, ㅘ, ㅝ, ㅙ, ㅞ'

중국조선어의 사전에 올림말을 올릴 때에도 이 자모의 차례에 따라 사전의 올림말을 올린다.

중국조선어에서 자음글자의 이름은 '그, 느, 드, 르, 므, 브, 스, 으, 즈, 츠, 크, 트, 프, 흐, 끄, 뜨, 쁘, 쓰, 쯔'로 부르며 두 번째 음절의 모음을 '으'로 통일시켰다. 자음이 받침으로 쓰일 때에는 각각 '기윽받침, 니은받침, 디은받침, 리을받침, 비읍받침, 시읏받침, 이응받침'으로 부르고 'ㄲ, ㄸ, ㅃ, ㅆ, ㅉ'를 각각 '된기윽, 된디은, 된비읍, 된시읏, 된지읏'으로 부르고 있다.

(2) 음운 현상

음소는 환경에 따라 다른 음소로 바뀌거나 없어지는 등 변동을 겪는데 이러한 음소의 변동을 음운 형상이라고 한다.[30] 중국조선어의

---

30) 이진호(2005), 『국어 음운론 강의』, 삼경문화사.

음운 현상을 모음의 음운 현상과 자음의 음운 현상으로 나눌 수 있다. 모음의 음운 현상에는 모음조화 현상, 모음의 줄임(축약)과 탈락, 앞모음화 현상(움라우트) 등이 있고 자음의 음운 현상에는 음절 끝소리 규칙, 연음, 동화, 구개음화, 된소리화(경음화), 거센소리화, 자음약화, 자음탈락, 자음첨가 등이 있다.[31)]

① 모음의 음운 현상

가. 모음조화[32)]

모음조화는 모음동화의 일종으로서 한 단어 안에서 같은 부류의 모음들끼리 서로 어울리는 음운 현상을 말한다. 즉 음성모음은 음성모음끼리, 양성모음은 양성모음끼리 조화되는 것을 말한다.

ⓐ 용언 어간과 일부 토(어미)[33)] 사이의 모음조화

ㄱ. 막다 ─ 막아, 막았다, 보다 ─ 보아 〉봐, 보았다
ㄴ. 먹다 ─ 먹어, 먹었다, 열다 ─ 열어, 열었다
ㄷ. 믿다 ─ 믿어, 믿었다, 심다 ─ 심어, 심었다

용언 어간의 모음이 양성모음이면 토 '아, 았'과 어울리고 음성모음이면 '어, 었'과 어울린다.

그러나 'ㅏ(ㅡ), ㅗ(ㅡ)'의 경우 용언 어간의 끝음절에 음성모음

---

31) 중국조선어의 음운현상은 강용택(2013)의 논의를 참고하였다.
32) 중세 한국어 시기에는 7개의 단모음(ᄋᆞ, 으, 이, 오, 아, 우, 어)이 있었는데 모음조화에 참여하지 않는 중립 모음 '이'를 제외한 나머지 6개의 모음은 'ᄋᆞ:으, 오:우, 아:어'와 같은 대립을 보였다.
33) 한국어의 '조사'와 '어미'를 합쳐서 중국조선어에서는 '토'라고 부른다.

'ㅡ'가 오지만 모음으로 시작되는 토 '아, 았'과 결합되면 탈락된다.

> ㄱ. 마르다 ─ 말라, 말랐다. 오르다 ─ 올라, 올랐다

또 'ㅡ(ㅡ), ㅓ(ㅡ), ㅜ(ㅡ), ㅣ(ㅡ)'의 경우는 토 '어, 었'과 결합된다.

> ㄱ. 흐르다 ─ 흘러, 흘렀다. 기르다 ─ 길러, 길렀다

ⓑ 앞모음들의 조화

용언 어간의 모음이 'ㅣ, ㅔ, ㅟ, ㅚ, ㅐ, ㅢ'일 때(개음절의 경우) 토 '여, 였'과 어울린다.[34]

> ㄱ. 기다 ─ 기여서, 베다 ─ 베여서, 뛰다 ─ 뛰여서, 되다 ─ 되여서, 개다 ─ 개여
>   서, 띄다 ─ 띄여서

ⓒ 상징부사 및 일부 형용사 어간 내부에서의 모음조화

> ㄱ. 잘잘, 졸졸, 반짝반짝
>   말갛다, 발갛다, 노랗다
> ㄴ. 줄줄, 절절, 번쩍번쩍
>   멀겋다, 벌겋다, 누렇다
> ㄷ. 깡충강충, 꼬불꼬불, 방글방글

위의 상징부사와 일부 형용사 어간 내부에서의 모음조화 예문을 보면 (ㄱ)은 양성모음 조화이고 (ㄴ)은 음성모음 조화이며 (ㄷ)은 양성모음과 음성모음의 조화이다. 일부 상징부사의 경우 의외로 음성

---

34) 한국어의 경우는 어미 '어, 었'과 결합된다.
   기다─기어서, 베다─베어서, 뛰다─뛰어서, 되다─되어서, 개다─개어서, 띄다─띄어서

모음과 양성모음이 결합되는 경우가 있는데 이는 모음조화가 파괴
되어 생긴 결과라고 본다.

나. 모음의 줄임(축약)과 탈락

ⓐ 두 형태소가 만날 때 앞뒤 형태소의 두 음절이 한 음절로 줄어
드는 현상을 말하는데 이때 어느 하나의 모음은 반모음으로 된다.

ㄱ. 오+아서>와서, 두+었다>뒀다, 가지+어>가져

여기에서 단모음 'ㅗ'와 'ㅏ'가 이중모음 'ㅘ'로, 단모음 'ㅜ'와 'ㅓ'
가 이중모음 'ㅝ'로, 단모음 'ㅣ'와 'ㅓ'가 이중모음 'ㅕ'로 줄어들었
는데 이때 'ㅗ, ㅜ, ㅣ' 등 단모음은 반모음으로 변한다.

ⓑ 이중모음 'ㅢ'는 단어의 첫머리에서는 제대로 발음되나 단어의
첫머리가 아닌 경우 'ㅡ'가 탈락되어 'ㅣ'로 발음된다.

ㄱ. 의사[의사], 의의[의이], 강의실[강이실]
ㄴ. 나의 고향[나의 고향/ 나에 고향]

위의 예문(ㄱ)에서 '의사'의 경우는 단어의 첫머리여서 'ㅢ'가 제
대로 발음되나 '의의, 강의실'과 같은 경우에는 단어의 첫머리가 아
니어서 'ㅡ'가 탈락되어 'ㅣ'로 발음된다. 예문(ㄴ)의 속격토(관형격
조사) '의'는 이중모음 'ㅢ'로도 발음하고 'ㅔ'로 발음함도 허용한다.

ⓒ 이중모음 'ㅖ'는 자음 뒤에서는 'ㅣ'가 딜락되어 발음된다.

ㄱ. 계급[게급], 혜택[헤택], 첨예하다[처메하다]
ㄴ. 예문[예문], 정예부대[정예부대]

위의 예문(ㄱ)에서 볼 때 모음 'ㅖ'는 단어의 첫머리가 아니기 때문에 'ㅣ'가 탈락되어 'ㅔ'로 발음한다. 예문(ㄴ)의 이중모음 'ㅖ'는 단독으로 쓰이기 때문에 제대로 발음된다.

ⓓ 용언과 토가 결합될 때 용언 어간의 끝소리가 탈락된다.

ㄱ. 아프(다)+아 〉아파, 만나(다)+아 〉만나

다. 앞모음화 현상(움라우트)

일명 모음동화라고도 하는데 앞 음절의 후설모음 'ㅏ, ㅓ, ㅗ, ㅜ, ㅡ'는 뒤 음절에 전설모음 'ㅣ'가 오면 끌려서 'ㅐ, ㅔ, ㅚ, ㅟ, ㅣ'로 변하는 현상을 말한다.

ㄱ. 아기 〉애기, 잡히다 〉재피다, 어미 〉에미, 속이다 〉쇠기다, 죽이다 〉쥐기다, 뜯기다 〉띧기다

그런데 이와 같은 발음은 표준발음으로 인정하지 않는 경우가 많고 일부 경우에만 표준어로 인정하기도 한다.

ㄱ. 남비 〉냄비, 멋장이 〉멋쟁이

② 자음의 음운 현상

가. 음절 끝소리 규칙

중국조선어에는 음절의 끝에서 발음되는 자음은 'ㄱ, ㄴ, ㄷ, ㄹ, ㅁ, ㅂ, ㅇ'이 있다. 음절의 끝에 이 밖의 다른 자음이 오면 7개 자음 중의 하나로 발음되는데 이러한 음운의 교체 현상을 음절 끝소리 규칙이라고 한다. 이것을 7종성법이라고도 한다.

ⓐ ㄱ, ㅋ, ㄲ, ㄳ, ㄺ 〉 ㄱ

　막대[막다], 부엌[부억], 밖[박], 넋[넉], 흙[흑]

예외가 있다면 'ㄺ'은 자음으로 시작되는 토 '고, 기, 게'를 만나면 [ㄹ]로 발음된다.

ⓑ ㄷ, ㅌ, ㅅ, ㅆ, ㅈ, ㅊ 〉 ㄷ

　받대[받따], 붙대[붇따], 벗대[벋따], 있대[읻따], 찾대[찯따], 쫓대[쫃따]

ⓒ ㅂ, ㅍ, ㅄ, ㄼ35), ㄿ 〉 ㅂ

　굽대[굽따], 짚대[집따], 없대[업따], 밟대[밥따], 읊대[읍따]

예외가 있다면 'ㄼ'은 자음으로 시작되는 토 '고, 기, 게'를 만나면 [ㄹ]로 발음된다. '여덟'만은 언제나 [여덜]로 발음한다.

---

35) 한국어의 표준발음법에서 받침 'ㄼ'은 'ㄹ'로 발음되며 다만, '밟-'은 자음 앞에서 [밥]으로 발음하고, '넓-'은 다음과 같은 경우 즉 넓-죽하다[넙쭈카다], 넓-둥글다[넙뚱글다]의 경우만 [넙]으로 발음한다.

ⓓ ㄴ, ㄵ, ㄶ > ㄴ

안다[안따], 얹다[언따], 많소[만쏘]

ⓔ ㄹ, ㄽ, ㄾ, ㅀ > ㄹ

살다[살다], 돐[36][돌], 핥다[할따], 옳소[올쏘]

ⓕ ㅁ, ㄻ > ㅁ

삼다[삼따], 삶다[삼따]

ⓖ ㅇ > ㅇ

강[강], 중[중]

ⓗ 'ㅎ'의 발음

자음 'ㅎ'의 발음은 다른 자음에 비해 비교적 복잡한 형태를 보이고 있다. 자음 'ㅎ'은 뒤에 오는 자음이나 모음에 따라 서로 달리 발음되는데 다음과 같다.

㉠ ㅎ+ㄱ, ㄷ, ㅈ > 거센소리
좋고[조코], 좋다[조타], 좋지[조치], 많고[만코], 많다[만타], 많지[만치]
㉡ ㅎ+ㅅ > 된소리
좋소[조쏘], 많소[만쏘], 앓소[알쏘]
㉢ ㅎ+모음 > ㅎ 탈락
좋아서[조아서], 많아서[마나서]
㉣ ㅎ+ㄴ > ㄷ > ㄴ
좋네[존네 > 존네]

---

36) 중국조선어의 '돐'에 대응되는 한국어의 정확한 표기는 '돌'이다.

ⓜ ㄶ, ㅀ+ㄴ 〉ㅎ 탈락

많네[만네], 잃니[알니 〉알리]

나. 연음

받침으로 된 자음이 모음으로 시작되는 토나 접미사를 만나면 아래 음절에 이어져 발음되는 현상을 연음이라고 한다.

ㄱ. 막아서[마가서], 부엌을[부어클], 받아서[바다서], 살아서[사라서], 밥을 [바블], 값을[갑슬 〉갑쓸], 밟아서[발바서], 잃아서[알아서 〉아라서]

중국조선어의 받침 표기에는 모두 27개가 있다. 27개 받침 표기에서 'ㅎ'을 제외한 나머지 받침이 모음으로 시작되는 토나 접미사를 만날 경우 다 연음되어 발음된다. 그러나 'ㄷ, ㅌ'의 경우 접미사나 토 '이'를 만나면 연음되지 않고 구개음화된다.

ㄱ. 미닫이[미다지], 같이[가치], 밭이[바치]

두 형태소가 결합되는 경우에 뒤 음절이 모음으로 시작된다고 할지라도 연음되는 것이 아니라 음절의 끝소리 규칙이 먼저 적용되었다가 다시 연음되어 발음된다.

ㄱ. 웃어른[욷어른 〉우더른], 무릎아래[무릅아래 〉무르바래], 값없이[갑업씨 〉 가법씨]

다. 동화

첫음절의 끝자음 뒤에 오는 자음의 영향을 받아 그 음과 같거나 비슷하게 발음되는 현상을 밀한다.

자음동화는 동화의 방향, 동화의 정도에 따라 여러 가지로 나눈다. 동화의 방향에 따라 순행동화, 역행동화, 호상동화로 나누고 동화의 정도에 따라 완전동화와 부분동화로 나눈다.

ⓐ 동화의 방향에 따라

순행동화란 앞에 있는 음절의 끝소리 자음이 뒤에 있는 음절의 첫소리 자음을 동화시키는 것을 말한다. 역행동화는 순행동화와 반대로 뒤에 있는 음절의 첫소리 자음이 앞에 있는 음절의 끝소리 자음을 동화시키는 것을 말한다. 그리고 호상동화는 앞 음절의 끝소리 자음과 뒤 음절의 첫소리 자음이 이웃하여 있으면서 서로 영향을 주어 동화시키는 것을 말한다.

ㄱ. 들놀이[들로리], 칼날[칼랄]
ㄴ. 십만[심만], 만리[말리]
ㄷ. 백로[백노〉뱅노], 섭리[섭니〉섬니]

위의 예문에서 (ㄱ)은 순행동화이고, (ㄴ)은 역행동화이며 (ㄷ)은 호상동화이다.

ⓑ 동화의 정도에 따라

완전동화란 동화되는 자음이 동화시키는 자음과 완전히 같게 되는 것을 말한다. 부분동화는 동화되는 자음이 동화시키는 자음과 비슷하게 동화되는 것을 말한다.

ㄱ. 들놀이[들로리], 곁눈질[견눈질]

ㄴ. 먹물[멍물], 잡는대[잠는다]

위의 예문에서 (ㄱ)은 완전동화이고 (ㄴ)은 부분동화이다.

라. 구개음화

일반적으로 앞 형태소의 끝소리인 'ㄷ, ㅌ'이 모음 'ㅣ'나 'ㅣ'를 반모음으로 하는 토나 접미사를 만나면 잇소리 'ㄷ, ㅌ'이 경구개음 'ㅈ, ㅊ'으로 되는 현상을 말한다.

ㄱ. 굳이[구지], 해돋이[해도지], 같이[가치], 미닫이[미다지]

ㄴ. 굳히다[구티다 〉 구치다], 밭이[바치]

마. 된소리화

된소리화란 형태소와 형태소 사이(한자어에서는 두 음절 사이)에 순한소리 'ㄱ, ㄷ, ㅂ, ㅅ, ㅈ'이 'ㄲ, ㄸ, ㅃ, ㅆ, ㅉ'으로 변화되는 것을 말한다.

ⓐ 순한소리(예사소리) 'ㄱ, ㄷ, ㅂ, ㅅ, ㅈ'은 소음자음[37]('ㅎ'을 제외)뒤에서는 언제나 된소리로 발음한다.

ㄱ 〉 ㄲ : 각국[각꾹], 숟가락[숟까락], 젓가락[저까락/전까락], 밥그릇[밥끄릇]

ㄷ 〉 ㄸ : 막동이[막똥이], 맏동서[맏똥서], 찻대[찬때], 앞뒤[압뛰]

ㅂ 〉 ㅃ : 독버섯[독뻐섯], 돋보기[돋뽀기], 돛배[돋빼], 앞바다[압빠다]

ㅅ 〉 ㅆ : 책상[책쌍], 맏사위[맏싸위], 밥상[밥쌍], 좋소[조쏘]

---

37) 중국조선어의 '소음자음'은 한국어의 '장애음'과 대응된다.

ㅈ 〉ㅉ : 각자[각짜], 만자식[만짜식], 앞장[압짱], 합잭[합짝]

ⓑ 한자어에서 'ㄹ' 받침 뒤에 연결되는 'ㄷ, ㅅ, ㅈ'은 된소리로
발음한다.

ㄱ. 갈등[갈뜽], 발동[발똥]
ㄴ. 일시[일씨], 몰상식[몰쌍식]
ㄷ. 발전[발쩐], 출장[출짱]

ⓒ 규정토(관형사형 어미) 'ㄹ' 다음에 오는 순환소리(예사소리)
는 된소리로 발음한다.

ㄱ. 할 것[할껀], 갈 바엔[갈빠엔], 할수록[할쑤록], 할 적[할쩍]

ⓓ 합성어 또는 파생어에서 앞형태소의 끝소리가 향음자음[38] 또
는 모음일 때 뒤의 순한소리(예사소리)는 된소리로 발음한다.

ㄱ. 산+길[산낄], 말+소리[말쏘리], 봄+비[봄삐], 등+불[등뿔]
ㄴ. 내+가[내까], 초+불[초뿔], 차+집[차찝]

ⓔ 한자어에서 일부 접미사적 형태들은 된소리로 발음한다.
한자어에서 일부 접미사적 형태들이 된소리로 발음되는 것은 '가
(價), 건(件), 과(科)' 등이 있다.

가(價): 원가[원까], 물가[물까], 감가[감까]
건(件)[39]: 사건[사껀], 안건[안껀], 문건[문껀]
과(科): 내과[내꽈] 외과[외꽈], 학과[학꽈]

---

38) 중국조선어의 '향음자음'은 한국어의 '공명음'과 대응된다.
39) '물건'은 그대로 발음한다.

바. 거센소리화

거센소리화란 두 형태소 사이(한자어에서는 음절과 음절 사이)에 있는 자음 'ㅎ'이 앞 또는 뒤에 오는 순한소리 'ㄱ, ㄷ, ㅂ, ㅈ'과 어울려 거센소리로 되는 현상을 말한다.

ⓐ 순한소리가 자음 'ㅎ'의 앞에 있을 경우

 ㄱ. 각해[가카], 맏형[마텽], 입학[이팍]
 ㄴ. 이웃하다[이욷하다 〉이우타다], 꽃향기[꼳향기 〉꼬턍기]
 ㄷ. 동녘하늘[동녘하늘 〉동녀카늘]

ⓑ 순한소리가 자음 'ㅎ'의 뒤에 있을 경우

 ㄱ. 좋다[조타], 좋고[조코], 좋지[조치]
 ㄴ. 끊다[끈타], 끊고[끈코], 끊지[끈치]
 ㄷ. 옳다[올타], 옳고[올코], 옳지[올치]

사. 자음약화

자음약화란 일부 자음이 일정한 음운론적 조건하에서 약화되어 발음되는 현상을 말한다.

ⓐ 자음 'ㅎ'의 약화

자음 'ㅎ'은 단어의 첫머리에선 제대로 발음되지만 모음과 모음 사이, 향음자음과 모음 사이에서는 모음과 향음자음의 영향을 받아 약화되어 발음된다.

ㄱ. 마흔[마은], 이흔[이은]
ㄴ. 구호차[구오차], 간호원[간오원 〉가노원]
ㄷ. 간단하다[간단아다 〉간다나다], 대담하다[대담아다 〉대다마다]
ㄹ. 좋아서[조아서], 많아서[마나서]

ⓑ 자음 'ㅇ'의 약화

자음 'ㅇ'은 받침소리로 될 때만 제대로 발음되나 두 음절의 끝소리
가 모두 'ㅇ'일 때는 앞음절의 받침소리 'ㅇ'이 약화되어 발음된다.

ㄱ. 영웅[여웅], 중앙[주앙][40]

아. 자음탈락

자음탈락 현상은 규칙적이지 못하고 일부 단어에서만 나타난다.
즉 앞 형태소의 끝소리가 'ㄹ'이고 뒤 형태소의 첫소리가 'ㄴ, ㄷ,
ㅅ, ㅈ'일 경우 'ㄹ'이 탈락된다. 따라서 표기도 탈락된 대로 한다.

ⓐ 합성어나 파생어에서 'ㄹ'의 탈락

ㄱ. 솔나무[소나무], 버들나무[버드나무], 아들님[아드님]
ㄴ. 밀닫이[미닫이 〉미다지]
ㄷ. 불삽[부삽], 활살[화살]

ⓑ 한자어에서 받침소리 'ㄹ'의 탈락

한자어에서 '불(不)' 자의 받침소리 'ㄹ'은 뒤에 'ㄷ, ㅈ'을 첫소리
로 하는 음절이 올 때 탈락되고 표기도 탈락된 대로 한다.

---

40) 한국어의 표준발음법에서는 [여웅]과 [주앙]을 표준발음으로 인정하지 않는다.

ㄱ. 불단결[부단결], 불동산[부동산]

ㄴ. 불자연[부자연], 불자유[부자유]

자. 자음첨가

자음첨가란 합성어 또는 파생어에서 형태소와 형태소가 결합될 때 그 사이에 일정한 자음이 첨가되는 것을 말한다.

ⓐ 자음으로 끝나는 형태소가 모음 'ㅑ, ㅕ, ㅛ, ㅠ, ㅣ'로 시작된 형태소를 만날 때 그 사이에 'ㄴ, ㄹ'이 첨가된다.

ㄱ. 늦여름[는녀름], 담요[담뇨], 밤일[밤닐]

ⓑ 일부 합성어 또는 파생어에서 앞 형태소가 모음으로 끝나고 뒤 형태소가 향음자음 'ㄴ, ㅁ'으로 시작될 때 그 사이에 자음 'ㄴ' 이 첨가된다.

ㄱ. 하루날[하룬날], 코날[콘날], 코노래[콘노래]

ㄴ. 바다물[바단물], 아래마을[아랜마을], 내물[낸물]

ⓒ 일부 합성어 또는 파생어에서 앞뒤의 형태소가 모음으로 이어 질 때 그 사이에 자음 'ㄴ, ㄴ'이 첨가된다.

ㄱ. 바다일[바단닐], 깨잎[깬닙], 뒷일[뒨닐]

(3) 표기법

① 두음법칙 표기

두음법칙은 어두에 오는 자음이 특수한 제한을 받기 때문에 일어나는 변화 현상을 말한다. 즉 단어의 첫머리가 다른 음으로 발음되는 것으로 첫소리의 'ㄹ'과 이중모음 앞의 'ㄴ'이 각각 'ㄴ'과 'ㅇ'으로 발음되는 것이다. 한국어는 단어 첫머리에서 두음법칙을 따르고 단어 첫머리가 아닐 경우에는 본음대로 적는다. 그러나 중국조선어에서는 한자어는 음절마다 해당 한자음대로 적는 것을 원칙으로 한다.[41] 예를 들면 '론문, 녀성, 리유, 력사, 래일' 등이 있다. 그러나 '나사(螺絲), 나팔(喇叭)' 등 일부 한자어와 '라지오'[42] 등의 외래어는 두음법칙을 무시한다.

② 사이시옷 표기

사이시옷은 사잇소리 현상이 나타났을 때 쓰는 'ㅅ'의 이름이다. 사이시옷이 순우리말 또는 순우리말과 한자어로 된 합성어 가운데 앞말이 모음으로 끝나는 경우의 사용을 살펴보면 다음과 같다. 뒷말의 첫소리가 된소리로 나거나, 뒷말의 첫소리 'ㄴ', 'ㅁ' 앞에서 'ㄴ'소리가 덧나거나, 뒷말의 첫소리 모음 앞에서 'ㄴ'소리가 덧나는 경우이다. 한국어는 사이시옷을 표기하지만 중국조선어에서는 사잇소리 현상이 일어날 경우에는 다른 합성어들을 적을 때와 마찬가지로

---

41) 이하 인용은 중국조선어사정위원회 편찬, ≪조선말규범집≫(연길: 연변인민출판사, 2007)에 있는 것이다. 1977년에 반포된 조선말 '4칙'규범이 1995년 8월, 중국조선어사정위원회 제9차 실무회의와 2004년 제17차 실무회의, 2006년 제19차 실무회의에서 일부 수정, 보충되었다.

42) 한국어에서는 '라디오'로 표기한다.

본래의 형태를 밝혀 적을 뿐 사잇소리를 따로 표기하지 않는다. 예를 들면 '비자루, 기발, 고추가루, 시내물, 장마비' 등이 있다.

③ '여'의 표기

용언 어간말의 모음이 'ㅣ, ㅐ, ㅔ, ㅚ, ㅟ, ㅢ'인 경우 어미 '-어'와 '-었'을 중국조선어에서는 '-여'와 '-였'으로 표기한다.43) 예를 들면 '뛰+어→뛰여, 기대+어→기대여, 떼+어→떼여' 등이 있다.

④ 한자어에서 모음 'ㅖ'가 들어있는 음절의 표기

'조선말맞춤법'44) 제25항에서는 '한자어에서 모음 'ㅖ'가 들어있는 음절로는 '계', '례', '혜', '예'만을 인정한다.'고 규정하였다.45) 따라서 중국조선어에서는 '폐'와 같은 음절은 '페'로 표기한다. 예를 들면 '인민페, 페수, 화페' 등이 있다.

⑤ 접미사 '-군, -갈, -적'의 표기

중국조선어에서 '-군, -갈, -적'과 같은 접미사는 발음에서 된소리가 나더라도 원형태 그대로 표기한다. 예를 들면 '나무군, 장사군, 맛갈, 색갈, 멋적다' 등이 있다.46)

---

43) 용언 어간말의 모음이 'ㅣ, ㅐ, ㅔ, ㅚ, ㅟ, ㅢ'이고 받침 있는 경우 어미 '-어'와 '-었'을 '-어'와 '-었' 그대로 표기한다.

44) 중국 ≪조선말규범집≫에 제정한 '조선말 맞춤법'이다.

45) '한글 맞춤법 표준어 해설' 제8항에서는 '계, 례, 몌, 폐, 혜'의 'ㅖ'는 'ㅔ'로 소리 나는 경우가 있더라도 'ㅖ'로 적는다고 규정하였다.

46) '한글 맞춤법 표준어 해설' 제54항에서는 '-군', '-갈', '-적' 등과 같은 접미사는 '-꾼', '-깔', '-쩍' 등과 같이 된소리로 적는다고 규정하였다.

⑥ 띄어쓰기

'조선말띄여쓰기총칙'에는 "단어를 단위로 하여 띄여쓰는 것을 원칙으로 한다."라고 규정하였다. 그리고 "명사적 단어결합, 학술 용어, 굳어진 말 등은 붙여 쓴다."거나 "불완전명사, 일부 보조적 동사는 앞 단어에 붙여 쓴다."는 것과 같은 붙여 쓰는 규정들이 더 있어 한국의 '문장의 각 단어는 띄어씀을 원칙으로 한다.'는 띄어쓰기 원칙에 비하여 중국조선어의 띄어쓰기는 붙여 쓰는 경우가 많다. 예를 들면 다음과 같다.

ⓐ	중국조선어	한국어
	연변사회과학기술연구소	서울대학교 인문대학
	이어져내려오고있는	이어져 내려오고 있는
	변한것이많지만	변한 것이 많지만
	잃을뻔했던	잃을 뻔했던

2) 중국조선어 문법의 특징

(1) 단어의 정의

중국조선어에서 단어란 "일정한 어음 형식을 갖추고 일정한 뜻을 나타내며 문장을 이루는 데 쓰이는 가장 작은 기본 단위이다."[47)]라고 정의하였다. 즉 단어란 일정한 어음 형식, 어휘적인 의미, 문자의 구성단위라는 세 가지 조건을 갖고 있어야 한다.

---

47) 동북 3성 '조선어문법'편찬소조(1983), 『조선어문법』, 연변인민출판사.

(2) 품사

중국조선어의 규범문법에서는 품사를 명사, 수사, 대명사, 동사, 형용사, 관형사, 부사, 감동사 등 8개로 분류하고 있다. 그리고 명사, 수사, 대명사 등을 체언이라 하고, 동사와 형용사를 용언이라 하며, 관형사와 부사를 수식어라 하고, 감동사를 독립어라고 한다. 중국조선어와 한국어의 품사 분류의 가장 큰 차이는 조사의 품사 설정 여부이다. 중국조선어 규범문법에서는 조사를 품사로 인정하지 않고 문법 형태소인 '토'로 처리하고 있다. 한국어 문법에서의 조사와 어미를 모두 토라고 한다. 그리고 '이다'의 '-이'를 중국조선어에서는 체언의 용언형 전성토라고 한다.[48]

중국조선어에서 명사를 자립성 여부에 따라 완전명사와 불완전명사로 나누며 자동성 여부에 따라 활동체 명사[49]와 비활동체 명사[50]로 나뉜다. 활동체 명사에는 조사 '에게'와 '에게서'가 결합되며 비활동체 명사에는 '에'와 '에서'가 결합된다.

중국조선어에서 대명사를 인칭대명사, 지시대명사, 의문대명사로 나눈다. '여기, 거기, 저기'와 '이, 그, 저'를 중국조선어에서는 지시대명사라고 일컫는데 한국어에서는 '여기, 거기, 저기'를 지시대명사로 '이, 그, 저'를 지시관형사로 간주한다.

중국조선어에서 관형사를 "대상의 특징을 규정해 주는 단어"라고 정의하고 의미에 따라 분량관형사, 성질관형사, 의문관형사 등으로 나누고 있다. 분량관형사는 '모든, 온갖, 불과, 갖은, 여러' 등과 같이 뒤의 체언의 분량, 범위 등을 한정하는 관형사를 뜻한다. '불과'

---

48) 한국어의 학교문법에서는 '이다'를 서술격 조사로 처리한다.

49) '활동체 명사'는 이른바 '유정명사(animate noun)'이다.

50) '비활동체 명사'는 '무정명사(inanimate noun)'이다.

를 중국조선어에서는 분량관형사로 처리히는데 한국어에서는 부사로 처리한다. '불과'는 수량을 나타내는 말 앞에 쓰여 그 수량이 기대치보다 훨씬 적음을 뜻하므로 관형사로 처리하는 것이 합당하다.

중국조선어에서 부사를 '일반적으로 용언이나 다른 말 앞에 놓여 행동이나 상태를 분명히 제한해주는 품사를 말한다.'라고 정의하였다.[51] 부사를 의미에 따라 상황 부사, 양태 부사, 접속 부사, 상징 부사, 부정 부사로 세분하였다. 부사의 주요기능은 서술어를 수식하는 것인데 이러한 기능을 하지 않고 앞 말과 뒤 말을 이어 주는 기능을 하는 접속 부사를 부사에 귀속시키는 것은 재고할 필요가 있다고 본다.

(3) 문장 성분

중국조선어 규범문법에서는 문장 성분을 맞물림 관계에 따라 상관적 문장 성분(맞물림 성분)과 독립적 문장 성분(외딴 성분)으로 나누고 상관적 문장 성분에는 주성분(주어, 술어)과 부성분(보어, 상황어, 규정어)이 있으며 독립적 문장성분에는 호칭어, 삽입어, 감동어, 접속어, 제시어가 있다. 문장 성분은 또 구조에 따라 단순 성분과 확대 성분으로 나뉜다. 중국조선어 문법에서는 목적어를 문장 성분으로 설정하지 않고 보어를 부성분으로 처리한다.[52] 보어는 부속 성분으로서 서술어가 나타내는 행동, 상태, 성질을 보충하여 주는 대상을 나타내는 문장 성분이다. 한국어에서는 '되다, 아니다'와 같은 서술어를 필요로 하는 문장 성분만을 보어로 인정한다.

---

51) 김철준 · 김광수(2008), 『조선어문법』, 연변대학출판사.

52) 한국어 규범문법에서는 목적어와 보어도 주성분으로 간주한다.

ⓐ　ㄱ. 피망은 <u>고추와</u> 다르다.

　　　ㄴ. 선생님께서 <u>너에게</u> 선물을 주었다.

　　　ㄷ. 그는 영희를 <u>수양딸로</u> 삼았다.

　　　ㄹ. 나는 <u>사과를</u> 샀다.

　예문 ⓐ의 '고추와', '너에게', '수양딸로', '사과를'을 보어로 간주한다. 그러나 한국어에서는 '고추와', '너에게', '수양딸로'를 부사어로 처리하고 '사과를'을 목적어로 처리한다. '무엇을(누구를)'에 해당하는 문장 성분을 중국조선어에서는 부속 성분인 보어로 처리하는데, 한국어에서는 주성분인 목적어로 간주한다.

　중국조선어는 문장성분을 그 구성단위의 구조적 특성에 따라 단순 성분과 확대 성분으로 나눈다. 하나의 자립적인 단어나 또는 하나의 단어처럼 쓰이는 단어 결합[53]으로 이루어진 문장 성분을 단순 성분이라고 하고 둘 또는 그 이상의 자립적인 단어들이 문장론적으로 결합되어 이루어진 문장 성분을 확대 성분이라 한다.

(4) 문장의 분류

　중국의 조선어 규범문법에서는 주어가 하나가 있고 그것과 맞물린 관계를 맺는 서술어가 둘 또는 그 이상 있거나, 주어가 둘 또는 그 이상 있고 그것들과 맞물림 관계를 맺는 서술어가 하나인 문장을 단일문[54]으로 간주한다. 그런데 한국어에서는 이와 같은 구조로 된 문장을 복합문[55]으로 간주한다.

---

53) 중국조선어 규범문법에서 단어 결합이란 의미-문법적으로 연결되고 문장의 구성자료로 되는 두 개 또는 그 이상의 단어들의 결합을 뜻한다. (최명식·김광수, 2000:275).

54) 중국조선어의 '단일문'을 한국어에서는 '홑문장'이라고 일컫는다.

55) 중국조선어의 '복합문'을 한국어에서는 '겹문장'이라고 일컫는다.

ⓑ ㄱ. 바다는 깊고 넓다.
ㄴ. 바다는₁ 깊고 바다는₂ 넓다.
ⓒ 모내기철에는 사무원들이, 군인들이 그리고 학생들이 농촌을 로력적으로 지원한다.

중국조선어에서는 예문(ⓑ-ㄱ)의 '깊다, 넓다'는 동일한 주어 '바다'와 주술 관계를 맺고 있는 것으로 해석하여 단일문으로 간주한다. 그러나 한국어에서는 (ⓑ-ㄴ)의 '동일 주어 생략 규칙'에 따라 서술어 '넓다' 바로 앞에 오는 '바다는2'는 주어가 생략된 것으로 해석하고 복합문으로 간주한다. 중국조선어에서 예문 ⓒ는 주어가 '사원들이, 군인들이, 학생들이' 등 세 개가 쓰였어도 '지원한다'라는 한 개의 서술어가 쓰이었으므로 단일문으로 처리한다. 그러나 한국어에서는 '모내기철에는 사무원들이 농촌을 로력적으로 지원한다.', '모내기철에는 군인들이 농촌을 로력적으로 지원한다.', '모내기철에는 학생들이 농촌을 로력적으로 지원한다.' 등 세 개의 문장이 합쳐져서 이루어진 것으로 보아 복합문으로 처리한다. 이와 같이 동일한 문장을 구조상 상이한 문장으로 해석하는 것은 문장 구조를 설명하는 문법론이 다른 데서 기인한 것이다. 중국조선어 규범문법은 전통문법론에 따라 문장 구조를 해석하고 한국어 규범문법에서는 변형생성문법론에 따라 문장 구조를 해석한 것이다. 앞으로 중국조선어와 한국어 규범문법학자들은 공동으로 언중을 상대로 어떤 이론에 따라 문장 구조를 해석하는 것이 그 구조를 이해하는 데 더욱 용이한가를 철저히 조사하여 그 이론에 따라 규범문법의 문장 구조를 기술하여야 한다.

3) 중국조선어 어휘의 특징

(1) 중국조선어의 어휘 체계

중국조선어의 어휘는 고유어, 한자어, 외래어의 3체계로 이루어졌다.

① 고유어

고유어란 기원상, 계보상, 표기 철자상, 의미자질 면에서 비차용어에 해당하는 순수토박이말이다. 다시 말해서 고유어는 특정 언어를 사용하는 언중이 다른 언어의 요소를 갖지 않는 자국어의 순수성을 나타내는 어휘이다. 따라서 중국조선어의 고유어란 순수한 우리말만을 뜻한다. 그 어원을 밝힐 수는 없으나, 고대 조선어 시기부터 우리 겨레가 써 온 것으로 생각되는 '돌, 바위, 하늘, 땅, 손, 발' 등이 고유어에 속할 것이다.

중국조선어의 고유어는 중국 특유의 지리적, 사회적 요인으로 하여 한국어 고유어와 비교할 때 공동으로 사용하는 어휘들도 많이 있지만 한국에서 사용하지 않는, 중국조선어와 조선어에서 사용하는 어휘들과 중국 사회 환경 및 언어 환경의 영향을 받아 중국조선어에서 자생하여 나타난 어휘들도 있다.

가. 중국조선어에서 쓰이는 조선어 고유어

ⓐ 중국조선어	한국어	중국조선어	한국어
갈구기	갈고리	헛눈	딴눈
거마리	거머리	헤염	헤엄
눈까풀	눈꺼풀	지팽이	지팡이
담벽	담벼락	홍당무우	홍당무

안해	아내	줄뛰기	줄넘기
봇나무	자작나무	량태머리	가랑머리
닭알	달걀	대수대수	대강
인차	이내	잔등	등

중국조선어에서 사용하는 조선 고유어 중에서 합당한 한국어식 어휘 표현을 찾을 수 없는 어휘들은 다음과 같다.

ⓑ 그닥잖다[56)] 건너금[57)] 눅거리[58)] 마스다[59)]
  망태기[60)] 반창고[61)] 얼빤하다[62)] 아츠랗다[63)]
  뗑하다[64)] 촌바우[65)]

나. 중국조선어에서 쓰이는 자생어

중국조선어는 중국의 정치·경제·문화생활의 특성으로 하여 한국과 조선에서는 사용되지 않고 중국조선어에서만 쓰이는 고유어 새말이 생겨났다. 중국조선어에서 쓰이는 고유어 자생어를 보이면

---

56) 그리 대단하지 아니하다.

57) 일정한 공간을 사이에 둔 맞은편, 또는 그쪽에 그은 선.

58) 일반 값보다 훨씬 싼 물건.

59) 일정한 대상을 부수거나 깨뜨리다.

60) a. 網태기로 물건을 담아 들거나 어깨에 메고 다닐 수 있도록 만든 그릇. 주로 가는 새끼나 노 따위로 엮거나 그물처럼 떠서 성기게 만든다.
   b. 전혀 쓸모없이 되어버린 상태.

61) a. 파라고무, 발삼, 라놀린 따위의 끈기가 있는 물질을 헝겊에 바른, 고약한 한 가지.
   b. 연변지역에서는 테이프도 반창고라고 한다.

62) 똑똑하지 못하고 어리병병하다.

63) a. 매우 놀라서 아슬아슬하다.
   b. 매우 멀어 아득하다.

64) a. 단단히 부딪쳤거나 얻어맞은 것처럼 얼얼하거나 속이 울리게 아프다.
   b. 정신이 몹시 얼떨떨하다.

65) a. 도시에 비하여 문화수준이 뒤떨어진 농촌에 사는 사람을 낮잡아 이르는 말.
   b. 활발하지 못하고 어리석게 구는 사람을 낮잡아 이르는 말.

다음과 같다.

ⓒ 개장즙66)   개엿67)   내번지다68)   말새69)
   말새단지70)   사돈보기71)   푸대죽72)   호똘호똘73)
   아쓸하다74)   알맥75)   오뉘장76)   우격지다77)

② 한자어

한자어란 한자에 기초하여 구성된 어휘를 말한다. 한자어는 중국
을 원초적인 발상지로 하여 형성된 어휘라는 것은 움직일 수 없는
사실이다. 그러나 한자로 적히는 어휘라고 하여 모두 중국에서 만들
어진 것은 아니다. 한자어는 크게 나누어 중국, 일본, 한국 세 나라
를 발상지로 한다. 아래에 이 세 나라를 발상지로 하여 생긴 한자어
를 보기로 하자.

---

66) 개고기나 개장국의 맛을 돋우기 위하여 만든 조미료.

67) 개고기를 푹 삶아 엿에 한데 섞어 달인 것.

68) 어떤 일에 몸을 아끼지 않고 있는 힘을 다 바치다.

69) 말하는 말마디의 정도나 수량.

70) a. 말단지.
   b. 쓸데없는 말을 수다스럽게 지껄여 대는 사람을 얕잡아 이르는 말.

71) 혼사를 정한 후 신랑 집에서 예장감이나 음식 같은 것을 갖추어 가지고 색시 집에 가서 인사
   를 나누는 의식.

72) 나물이나 남새에 약간의 쌀가루를 넣어 멀겋게 쑨 죽.

73) 침착하지 못하고 가볍게 서두르다.

74) a. 아쓸하다.
   b. 싫증이 몹시 나다.

75) 알짜 맥.

76) 묵은 장에 삶은 콩을 으깨서 섞어 만든 장.

77) 억지가 세고 우악지다.

가. 중국어계 한자어

중국어계 한자어란 말 그대로 한어에서 차용하여 중국조선어에서 사용하는 단어와 그에 기초하여 파생하였거나 합성된 단어를 가리킨다.

ⓓ ㄱ. 가자—가재(茄子)   감자—감져(甘藷)   썰매—설마(雪馬)
    배추—백채(白菜)   짐승—중생(衆生)   호두—호도(胡桃)

  ㄴ. 가족(家族)   도덕(道德)   도리(道理)
    무심(無心)   발달(發達)   상자(箱子)

  ㄷ. 꽈맨(掛麵 마른 밀국수)   당안(當案 보관서류)   마화(麻花 꽈배기)
    멘보(麵包 빵)   쌍발[78](上班兒 출근)   친차이(芹菜 미나리)

  ㄹ. 공인(工人 노동자)   공자(工資 월급)   모병(毛病 결점)
    성취(成就 성과)   자호감(自豪感 자부심)   주원(住院 입원)

위의 예문 (ⓓ-ㄱ)은 고유어화 된 한자어 어휘들이다. 이러한 어휘들은 중국조선어 어휘 생활에서 오랫동안 사용하는 과정에 단어의 어음구조에 변화가 생겨 원 한자 및 현대 조선어와 연계되지 않음으로써 우리의 의식 속에서 고유어처럼 느껴지고 차용어라고 의식할 수 없는 단어들이다. 이러한 고유어화한 차용어는 대체로 원래 고유어에 없던 사물 및 현상을 나타낸 것들로서 한자음이 변하였다. (ⓓ-ㄴ)은 음독한자어이다. 중국어계 차용어의 압도적 다수는 해당 한자를 한국식 독음으로 읽고 있다. (ⓓ-ㄷ)은 음차한자어이다. 지금 중국조선어에서 음차하여 사용하는 중국어 어휘는 매우 많다. 음차하여 사용하는 어휘의 절대 다수가 구두어에서 쓰이고 서사어

---

78) '上班'을 음차하면 '쌍반'이다. 하지만 兒化音인 '兒'가 있으므로 '上班兒'은 '쌍발'로 읽게 된다. 한국음절은 중국음절보다 수가 많아서 '兒'를 다른 음절로 표기 하지 않고 韻尾 '-ㄹ'로 표기 한다.

에서는 적게 쓰인다. (ⓓ-ㄹ)은 음역하여 사용하는 단어이다. 중국 조선어는 많은 중국 어휘를 중국어음 그대로 수용해 쓰지 않고 자기의 한자음으로 음역해 쓰고 있다.

나. 일본계 한자어

일본계 한자어란 말 그대로 일본에서 차용하여 중국조선어에서 사용하는 한자어를 말한다. 예를 들면 다음과 같은 것들이 있다.

ⓔ 각성(覺醒)　　　　간호(看護)　　　　건축물(建築物)
　　관계(關係)　　　　선객(船客)　　　　수산물(水産物)
　　연료(燃料)　　　　열심(熱心)　　　　운동장(運動場)
　　잡화점(雜貨店)　　장식품(裝飾品)　　전화(電話)
　　조사(調査)　　　　출근(出勤)　　　　칠판(漆板)
　　혈액(血液)　　　　호기심(好奇心)　　회사(會社)

다. 한국어계 한자어

韓國漢字(語)[79]의 발생은 고유어를 가지고 있으면서 고유 문자가 없는 까닭으로 자신들의 사상과 감정 그리고 오직 한국에만 존재하는 사물이나 언어를 외국문자(한자, 한문)로 표기해야 하는 불편함을 해소하기 위하여 신라 때부터 한국어에 다소라도 적응시켜 보려는 의도에서 漢字의 音訓을 이용한 借用表記 즉 音訓借用表記과정에서 韓國漢字 및 語彙가 형성되기도 하고[80] 새로운 字形을 만들거나 기존의 漢字形에 새로운 音과 義를 첨가하여 사용하기도 했다.

---

79) 한국에서 새로이 만들어진 漢字(國字)나 新音(國音字)新義(國儀字)로 이루어진 一音節 漢字는 오직 한국에서만 사용되는 漢字인 까닭으로 韓國漢字라 한다.

80) 김종훈(1983), 『韓國固有漢字硏究』, 집문당, p.55.

예하면 畓, 垈, 栗, 틈, 룐, 喆 등이다.[81] 우리들의 일상생활에서 사용하는 한국어계 한자어는 다음과 같은 것들이 있다.

ⓕ 경우(境遇)　　　고생(苦生)　　　기별(寄別)
　단지(但只)　　　덕분(德分)　　　미안(未安)
　욕설(辱說)　　　인편(人便)　　　작별(作別)
　장롱(欌籠)　　　점수(點數)　　　차차(次次)
　치장(治粧)　　　편지(便紙)　　　허기(虛飢)

③ 외래어

외래어란 다른 문화와의 접촉 과정을 통해 다른 언어의 어휘 체계로부터 들어온 말을 가리킨다. 우리말은 20세기 상반기 기간 동안, 약 40년에 걸쳐서 公用語로 쓰였던 일어로부터 받은 영향이 많이 남아 있다. 따라서 8.15 이후 상당한 세월이 흘러간 뒤까지도 일어라고 하는 외국어가, 새롭게 쓰이기 시작한 서구어계 차용어와 함께 각 분야에서 널리 사용되어 왔다. 日語系 어휘는 주로 토목공사와 건축공사 현장 등에서 많이 쓰이고, 西歐語系 어휘는 服裝關聯, 食料品 이름, 音樂界 등에서 널리 쓰이고 있다.[82] 중국조선어도 한국, 일본, 미국, 유럽 등 여러 나라와 지역의 영향을 받아 많은 외래어가 유입되었다.

ⓖ 텔레비죤(television)　　커피(coffee)　　택시(taxi)
　뉴스(news)　　　　　버스(bus)　　　콤플렉스(complex)
　올림픽(olympic)　　　카메라(camera)　뜨락또르(tractor)

---

81) 김종훈 (1992/38-49)을 중심으로, 장삼식(張三植, 1984), 흔글97(1999)에 의거하여 한국에서 만들어진 韓國漢字를 수록하였다.
82) 강신항(1991), 『현대 국어 어휘사용의 양상』, 태학사, p18.

| 콩크리트(concrete) | 템포(tempo) | 월드컵(world cup) |
| 메가네(めがね) | 벤또(べんとう) | 바게쯔(バケツ) |

④ 혼종어

혼종어는 어원이 다른 여러 말들이 언어생활에서 오래 사용되면서 서로 합성되는 경우를 일컫는데, 이들은 해당어의 어원에 따른 특성을 공유한다.[83] 따라서 하나의 혼종어에는 그 어휘의 어원에 따라 최소 두 개 이상의 특성이 공존할 수 있는 것이다. 중국조선어의 어종은 고유어, 한자어, 외래어로만 구성된 단어가 있는가 하면, '고유어+한자어, 한자어+고유어, 고유어+외래어, 한자어+외래어, 외래어+고유어, 외래어+한자어' 등의 결합으로 그 양상이 다양하다. 여기에서는 고유어, 한자어, 외래어를 제외한 어종을 모두 혼종어라고 하였다.

가. 한자어+ 고유어

가련(하다)—可怜	가짜—假짜	강물—江물
공연히—公然히	결코—決코	나팔소리—喇叭소리
난처(하다)—難處	등불—燈불	련꽃—蓮꽃
본때—本때	본보기—本보기	산마루—山마루
삼복더위—三伏더위	전혀—全혀	책가방—册가방

나. 고유어+ 한자어

글자—글字	꼴불견—꼴不見	꽃방—꽃房
들국화—들菊花	딱친구—딱親舊	몸체—몸體
봄소식—봄消息	빈병—빈瓶	손재간—손才幹

---

83) 이충우(1997), 「어휘 교육과 어휘의 특성」, 『국어교육』 95, 한국국어교육연구회, P85.

쪽자–쪽紙   파란색–파란色   팥죽–팥粥

다. 외래어+ 한자어

골프장(golf場)   캠핑장(camping場)   호텔방(hotel房)
믹서기(mixer器)   체인점(chain店)   컴맹(computer盲)

라. 한자어+ 외래어

영화티켓(映畵ticket)   고급아파트(高級apartment)   저칼로리(低calorie)
대스타(大star)   신용카드(信用card)   공공뻐스84)(公共bus)
휴대폰(携帶phone)   록음테프(錄音tape)   초미니(超mini)

마. 외래어+ 고유어

터프하다(tough하다)   오픈하다(open하다)   터치하다(touch하다)
노크하다(knock하다)   오버하다(over하다)   파마머리(permanent wave+머리)

바. 고유어+ 외래어

배꼽티(배꼽T)   몰래카메라(몰래camera)   물티슈(물tissue)
종이컵(종이cup)   발마사지(발massage)   머리삔(머리pin)

(2) 중국조선어 어휘 구성의 변화

어휘 구성은 사회의 변화에 가장 민감하며 그 변화가 가장 빠른
부분이다. 사회의 새 사물과 현상들이 출현하거나 낡은 사물과 현상
들이 소실되면 어휘 구성은 그것을 신속히 반영한다. 최윤갑(1998)

---

84) 한국어의 '버스(bus)'에 대응되는 중국조선어의 표기는 '뻐스'이다

에서는 어휘 구성의 변화 면에서 중국조선어의 특색이 뚜렷이 나타나는데 새롭게 쓰인 것, 사용이 적어진 것, 교체된 것으로 나누어 설명하였다.[85] 여기에서는 중국조선어 어휘 구성의 변화를 간략하게 제시하고 제4장에서 개혁개방 후 중국조선어 어휘의 사용 변화를 체계적으로 검토하려 한다.

① 새롭게 쓰인 것

정치, 경제, 문화, 과학의 발전에 따른 변화 또는 다른 민족과의 교류에 의해 도입된 새로운 사물, 현상을 명명하는 새로운 단어, 단어결합, 성구(관용어)들이 중국조선어 어휘에 보충되었다.

첫째, 중국에서 생기는 새로운 사물, 현상은 절대 대부분이 한어로 명명되어 방송과 신문을 통해 전파되기 때문에 중국조선어 어휘 구성에 들어오는 새 단어들은 한어의 영향을 많이 받게 되며 한어에서 많이 차용된다. 전통 한자음에 의하여 음역한 것은 다음과 같다.

> ⓐ 공사합영(公私合營), 주요모순(主要矛盾), 사상로선(思想路線), 실사구시(實事求是), 정치협상회의(政治協商會議), 사상개조(思想改造), 경제특별구(經濟特區), 공회(公會), 합작사(合作社).

현대 한어음에 의하여 음차한 것의 예를 들면 다음과 같다.

> ⓑ **콰이발**(快板兒): 비교적 빠른 박자로 나무쪽이나 대쪽으로 된 리듬악기를 치며 기본적으로 7자구의 압운된 구어 가사에 간혹 대사를 섞어 노래하는 중국 민간 예능의 한 가지.
> **양걸**(秧歌): 중국 북방의 농촌 지역에서 널리 유행하는 민간 가무의 일종.

---

85) 최윤갑(1998), 『중국조선어 한국어 연구』, 홍문각.

얼후(二胡): 중국 청(淸)나라의 중기에 만들어진 현악기의 한 가지. 줄
이 둘이고 호궁(胡弓)과 모양이 비슷하며 몸체는 대나무
또는 단단한 나무로 만든다.
퇀(團): 연대.
패(排): 소대.

둘째, 중국조선어 단어 조성법에 의하여 만든 단어 및 성구(관용
어)도 상당수가 한어에서 의역하여 온 것이다. 이에 비해 중국에 있
는 조선족들이 새 사물 현상에 대하여 명명하면서 만든 것은 비교적
적다. 예를 들면 다음과 같은 것들이 있다.

ⓒ 대물림보배(傳家寶), 고정리식(定息: 고정금리), 사과배, 개미술, 사본보
기(상견례)……

셋째, 중국조선어에 올려 쓰는 방언어휘들이 있는데 이는 중국조
선어에서만 쓰는 것과 조선에서 문화어에 올려 쓰는 것을 그대로 쓰
는 것으로 나눌 수 있는데 후자가 대부분이다. 중국조선어에서만 쓰
는 것들로는 다음과 같은 예를 들 수 있다.

ⓓ **손군**: 손자, 손녀, 증손, 고손들을 아울러 이르는 말.
말단지: 말을 제법 잘하는 어린애를 귀엽게 이르는 말.
채발: 물고기를 잡는 채처럼 만든 도구.
시리시리하다: 보기에 실팍하고 든든하다.
해나른하다: 맥이 풀려 기운이 아주 없어지다.
골기없다: 괄괄한 기상이 없이 기운이 없다.

조선 문화어에서 올려 쓰는 것을 그대로 도입한 것들로는 다음과
같은 예를 들 수 있다.

ⓔ **가마목**: 가마가 걸려있는 부뚜막이나 그 가까이.
가마치: 누룽지.
강판: 물이 얼어붙은 강의 위.
가파롭다: 가파르다.
걸키다: 무엇에 걸려서 째지거나 흠집이 나게 걸리다.
게질게질: 질깃한 물건을 보기 흉하게 입을 놀리며 자꾸 씹는 모양.

넷째, 다른 민족어를 수용하되 한어를 통하거나 직접 받아들인 것도 있다. 한어를 통하여 받아들인 것의 예를 들면 다음과 같다.

ⓕ **하다**(哈達): 티베트족과 몽고족 인민들이 경의를 표시하거나 축하를 드릴 때 쓰는 명주 수건.
하미과(哈密瓜): 중국 신강의 하미지구에서 나는 참외.

직접 받아들인 것의 예는 다음과 같다.

ⓖ 로케트, 레이자, 나이론, 페니실린······

② 사용이 적어진 것

낡은 사물, 현상의 소실과 함께 어휘가 소멸되거나 사용이 적어진 단어들은 새로 어휘구성에 보충된 단어들보다 훨씬 적은데 그 예는 다음과 같다.

ⓗ 고유어
두리, 되거리하다, 손모, 거적짜기
ⓘ 한자어:
소작료, 소작인, 하인, 출하, 록화기, 민병, 수상기

③ 교체된 것

한어의 영향, 조선과 중국에서의 조선어 규범화 제정으로 인해 적지 않은 단어들이 다른 동의어로 교체되었으며 어려운 한자어와 외래어는 쉬운 다른 동의어로 교체되었다. 이 과정에서 적지 않은 방언어휘들이 원래 표준어휘를 대체하였다. 그 예는 다음과 같다.

ⓙ 전근→조동, 거위→게사니, 곰팡이→곰팽이, 자수→수놓이, 두유→콩기름, 템포→속도, 가소린→휘발유, 벤또→밥곽, 프로레타리아트→무산계급

④ 의미가 변한 것

한어의 영향, 시대의 변화에 따라 의미가 서서히 바뀌어 진 것이다.

첫째, 단어의 의미가 전이된 것.

ⓚ **번신**(翻身): '몸을 뒤치다'로부터 '신세를 고치다'로 전의.
  주석(主席): '주되는 자리'로부터 '회의를 장악하는 사람, 또는 일부 국가, 구각기관, 당파 혹은 단체의 어느 한 급의 최고 지도 직위의 명칭'으로 전의.
  서기(書記): '기록을 맡은 사람 또는 문서를 다루는 사무원'으로부터 '당, 당 조직의 주요 책임자'로 전의.

둘째, 단어의 의미가 확대된 것.

ⓛ **모자**(帽子): 원래의 뜻에 '정치상에서의 억울한 누명'이란 뜻이 첨가.
  보따리(包袱): 원래의 뜻에 '사상 상의 부담'이란 뜻이 첨가.
  철밥통(鐵飯碗): 원래의 뜻에 '떨어질 근심 걱정 없는 튼튼한 직업'이란 뜻이 첨가.

큰가마밥(大鍋飯): 원래의 뜻에 '평균주의적 분배'란 뜻이 첨가.

경리(經理): 원래의 뜻에 '기업의 책임자'란 뜻이 첨가.

셋째, 단어의 의미가 축소된 것.

ⓜ **고소**(告訴): 원래는 범죄의 피해자나 그 법정 대리인이 수사 기관에 범죄 사실을 신고하여 법적 처리를 구하는 뜻이나 '다른 사람에게 알리다'는 뜻으로 쓰였다. 지금은 범죄의 피해자나 그 법정 대리인이 수사 기관에 범죄 사실을 신고하여 법적 처리를 구하는 일이라는 뜻으로만 사용됨.

당원(黨員): '정당의 성원'이란 뜻이나 중국어는 특별히 중국공산당의 성원이란 뜻으로 쓰임. 기타 정당의 성원일 경우에는 반드시 앞에 수식어를 붙임.

위에서 예로 든 어휘들은 중국조선족 사회에서 보편적으로 쓰이는 어휘들이다. 조선족 사회에서는 새로 생긴 문물과 상황에 대한 중국조선어 어휘가 없으면 새로 만들거나 한어를 음역하거나 의역해서 쓴다. 또한 구어에서는 한어 어휘를 그대로 받아들여 쓰는 경우도 많아서 적지 않은 어휘는 그에 대응하는 표준어 어휘를 모르는 경우도 많다. 즉 중국 동포들의 어휘는 중국조선어 표준어와 한어의 복합체라고도 볼 수 있다.

4) 중국조선어 변화의 특징

중국조선어는 비록 근대 한국어에 뿌리를 둔 한국어의 동족어이지만 약 150여 년 동안이나 중국이라는 사회적 환경 속에서 형성되고 발전되었으므로 언어 내적인 변화보다 언어 외적인 요인에 의해 한국어와는 다른 모습으로 변하였다. 곽충구(1999)[86]에서는 중국조선어의 변화와 관련된 제 요인을 방언 간의 상호 간섭과 통합, 언어 규범 등의 내적 요인과 국가체제 지향성, 언어접변(linguistic acculturation)에 의한 중국 한어의 차용, 조선 문화어, 한국어의 영향과 같은 외적 요인에서 찾고 있다. 이러한 내적 요인과 외적 요인의 영향하에 중국조선어는 많은 변화를 가져오게 되었다. 앞에서 논하였는데 중국조선어의 변화, 발전은 이주초기로부터 1945년까지, 1945년부터 1978년까지, 1978년부터 오늘까지 세 단계로 나뉜다. 중국조선어가 변화, 발전하여 온 특징을 보면 첫 번째 단계는 중국조선어 형성 시기이고, 두 번째 단계는 중국조선어 정착 시기라고 할 수 있으며, 세 번째 단계는 중국조선어 변화 시기라고 할 수 있다. 따라서 중국조선어는 1978년부터 거대한 변화를 맞이하게 되었는데 그중 하나는 1978년 12월부터 본격적으로 가동된 개혁개방의 영향이고 다른 하나는 1992년부터 진행된 한중 수교의 영향이다. 그 변화 특징은 다음과 같다.

첫째, 1978년 개혁개방 후 중국 한어의 차용과 한국 한자어의 유입은 중국조선어 한자어 변화의 주종을 이루었다. 중국 한어의 영향으로 기존 한자어에 의미 변화가 일어났고 새로운 한자어가 발생하였으며 방언 어휘가 증가되고 새말이 형성되었다. 그리고 1992년 중국과 한국이 국교 정상화가 이루어지고 국가적, 민간적 차원에서의 교류와 접촉이 활발해짐에 따라 중국조선어는 한국어의 영향을 받게 되었으며 새로운 한자어들이 나타났고 의미가 변화된 한자어도 늘어났다. 개혁개방 후 새로 생긴 한자어는 '개체경영호(個體經營戶), 만원호(萬元戶), 전업호(專業戶), 하해(下海), 사회주의시장경제

---

86) 곽충구(1999),「재외동포의 언어 연구」,『어문학』69, 한국어문학회.

(社會主義市場經濟), 연해개방(沿海開放), 경제특별구(經濟特區) 등이 있다. 한중 수교 이후 새로 생긴 한자어에는 '대기업(大企業), 동호회(同好會), 항공권(航空券), 연예계(演藝界), 자연산(自然産), 진정성(眞正性), 유부남(有婦男)' 등이 있고 기존 한자어의 의미가 변화된 것은 '각서(覺書), 자기(自己), 학원(學院), 근사(近似)하다' 등이 있다. 중국조선어에서 '자기(自己)'는 일반적으로 '그 사람 자신'을 가리키거나 '앞에서 이미 말하였거나 나온 바 있는 사람을 도로 가리키는 재귀 대명사'로 쓰인다. 한국어에서는 광복 이후 80년대에 이르는 사이 남편이나 아내가 서로 상대방을 '자기(自己)'라 부르면서 친족 호칭에 변호가 생기게 되었다.[87] 수교 이전 중국조선어에는 '동무'를 배우자끼리 서로 상대방을 부르는데 사용하였는데[88] 오늘날 중국조선어판 신문과 잡지에는 '배우자끼리'의 호칭, 또는 '친구끼리'의 호칭으로 '자기(自己)'가 등장한다.[89]

둘째, 개혁개방 후 중국조선족 사이에서 이중 언어 사용이 심화되었다. 이중 언어 사용은 조선족이 중국 땅에 이주한 그날부터 시작되었다고 보아야 할 것이다. 중국에 살고 있는 조선족들에게 있어서 중국조선어와 한어의 이중 언어생활은 불가피한 언어사용 문제이다. 중국조선어는 이주로부터 줄곧 한어의 영향을 받았으며 개혁개방 후 조선족과 한족의 정치, 경제, 문화 등 여러 영역에서의 접촉과 교류가 빈번해지면서 중국조선어와 한어의 이중 언어생활이 급속하게 확장되고 심화되었다. 중국조선어와 한어 이중 언어 사용의 강화는 부분적 잡거 지역의 청소년들이 한어를 중심으로 한 언어생활을 하도

---

87) 강신항(1991), 『현대 국어 어휘사용의 양상』, 태학사, P49.

88) 김순녀(2000), 「중국조선어와 한국어 어휘비교연구」, 서울대학교 석사학위논문.

89) 남명옥(2009)에서도 한중 수교 이후 연변 친족어에는 한국어의 영향으로 인해 변화가 생겼다고 지적하였는데 그중의 하나가 바로 '배우자끼리'의 호칭 '자기(自己)'이다.

록 만들었다. 80년대의 조사 자료에 의하면 하얼빈시 20세 이하 청소년들 가운데서 중국조선어를 모르는 사람이 47%를 차지하고 있다.[90] 그리고 길림시에서도 18~25세 사이 청년들 가운데서 중국조선어를 모르는 사람이 44.2%를 차지하고 있으며, 길림시 중소학교 학생들 가운데서 중국조선어를 모르는 학생 수가 중학교는 80%, 소학교(초등학교)는 64.2%를 차지하는 것으로 밝혀져 있다.[91] 이러한 이중 언어 현상이 점차 심화되면서 중국조선족들 가운데서 나이가 어릴수록 민족어를 모르는 비율이 높아가고 있음을 말해 주고 있다.

셋째, 개혁개방 후 다수 외래어의 필연적 유입은 중국조선어의 어휘를 풍부하게 하는 중요한 원천이 되었다. 특히 한중 수교 이후 한국어의 영향으로 외래어를 적극적으로 수용하여 외래어가 중국조선어에서 중요한 위치를 차지하게 되었다. 중국조선어에는 고유어나 한자어가 있는데도 젊은 청년들 사이에는 오히려 생활 속에서 외래어를 지속적으로 사용하고 있다. 예를 들면 '컵, 센스, 프로그램, 오리엔테이션, 스트레스, 아마추어, 다운로드, 다큐멘터리, 업그레이드, 셀카(셀프 카메라), 뮤비(뮤직 비디오), 카페, 홀릭, 퓨전, 아티스트, 스타일' 등이 있다.

넷째, 개혁개방 후 중국조선어의 음운, 표기, 문법, 어휘 체계는 모두 변화하였는데 음운, 표기, 문법 체계에는 변화가 적고 어휘 체계에는 변화가 크게 일어났다. 중국조선어 음운, 표기의 변화를 보면 장모음과 단모음의 혼동, 두음법칙, 사이시옷 표기의 사용 등이 있다. 개혁개방 후 변별적 자질에 속하였던 모음의 장단을 혼동하는 화자

---

90) 박종호·조귀순·최희수(1985), 「하얼빈시 조선족들의 조선말 사용실태에 대한 조사」, 『중국조선어문』, 길림성민족사무위원회.

91) 김상원(1990), 「중국 조선민족 제3, 4세대의 민족어 상실 실태와 그 방지 대책」, 『이중 언어학』 7, 二重言語學會.

가 크게 늘어나고, 모음의 장단에 의한 의미의 분화를 식별하지 못하는 젊은 층이 늘어나고 있다. 예하면 '벌(蜂) - 벌:(罰), 눈(雪) - 눈:(眼)' 등을 구분하지 못하는 사람이 많아 졌다. 그리고 한국어의 영향으로 두음법칙, 사이시옷을 표기하는 경우가 많아졌다. 특히 중국조선어의 구어체에서 두음법칙이 적용되는 현상이 허다하다. 중국조선어 문법의 변화를 보면 경어법의 약화, 짧은 문장의 발달 등이 있다. 한중 수교 이후 경어법이 크게 변했다. 중국조선어는 경어법을 '해라체, 반말체(해체), 하게체, 하오체, 해요체, 합쇼체'로 구분하고 있다.92) 그러나 한중 수교 이후 한국어의 영향으로 반말체가 우세해지고 있다. 이러한 변화는 특이 구어체의 대화에서 두드러지게 나타나고 있는데, 딱딱한 격식에 얽매인 표현보다는 좀 더 친숙한 관계를 보여 주는 구어체 표현이 우세해진 결과이며, 한국어 TV, 예능프로그램의 영향으로 나타난 것이다. 지금 인터넷에서는 짧은 문장으로, 수식어 없이 토막토막 잘라서 표현하는 문장을 많이 사용하고 있다. 예하면 '헐!, 행쇼, ○○알써, 수업 중, 깜놀' 등이 있다. 이런 현상이 나타나게 된 것은 급속히 변해 가는 현대에 있어서, 현대인의 삶도 몹시 바빠진 것과 연관된다. 중국조선어 어휘의 변화를 보면 새로운 단어가 발생, 단어 의미의 변화, 낡은 단어의 소실 등으로 나눌 수 있다.93)사회가 변하면, 새로운 상황을 표현하려는 욕구가 분출하게 된다. 그 결과 새 어휘를 필요로 하게 되고, 어휘의 改新과 새로운 비유가 발달한다. 따라서 어휘의 빠른 변화는 새로운 사물, 현상 및 개념을 표현하기 위한 필연적인 결과이다.

---

92) 김철준·김광수(2008), 『조선어문법』, 연변대학출판사, P113.

93) 이러한 어휘 변화 발전의 법칙은 어느 언어에서나 다 작용하고 있다. 중국조선어의 변화도 이 객관 법칙을 벗어나지 못한다.

제4장

문화 다양성과 복합 정체성

문화 다양성(cultural diversity)이라는 개념이 국제사회에서 주된 논제로 등장한 것은 1990년대 중반 이후이다. 1990년대 말부터 논의되기 시작한 문화 다양성 담론은 2005년 10월 문화 다양성 협약을 계기로 전 지구적 보편가치로 인정받기에 이르렀다.[94] 문화 다양성은 초기에는 다른 분야와 문화와의 차이를 강조하던 데로부터 시간이 흐름에 따라 보다 광범위하고 적극적인 개념으로 논의가 확대되기 시작하였다. 넓은 의미에서 보면 우리가 사용하는 언어도 문화에 속하며 언어 다양성도 문화 다양성의 하위부류에 포함된다. 제4장에서는 개혁개방 후 중국조선어의 변화 다양성을 중점적으로 검토하고 중국조선어의 정체성을 밝히며 중국조선어가 나아가야 할 발전 방향에 대해 논하려고 한다.

1. 중국조선어의 변화 다양성

개혁개방 후 중국조선어의 변화 다양성에서는 중국조선어 음운의 변화, 문법의 변화, 어휘의 변화 등으로 나누어 검토하려고 한다. 여기에서는 중국조선어 음운과 문법의 변화는 간략하게 논하고 어휘의 변화를 체계적으로 검토하려고 한다. 언어의 諸 要素 중 어휘 구성은 사회의 변화, 발전에 대하여 가장 민감하고 그것을 반영하기 때문에 중국조선어 어휘의 변화를 중점적으로 검토하는 것은 중국조선어의 변화를 반영하는 데 제일 적합하다.

---

94) 변재란(2006), 「문화 다양성, 영화 다양성 그리고 다양성 영화」, 『영상예술연구』 9, 영상예술학회.

1) 중국조선어 음운의 변화

(1) 음운 체계의 변화

개혁개방 후 중국조선어의 표준어 음운체계는 큰 변화가 없으며 여전히 자음은 19개이고 모음은 21개이다. 구어에서 한어의 영향을 받아 새로운 음운 '[f], [ʂ], [tʂ], [tʂʰ], [x]' 등이 나타나게 되었다.

(2) 음운 현상의 변화

앞에서 논하였던 바와 같이 중국조선어의 음운 현상을 모음의 음운 현상과 자음의 음운 현상으로 나눌 수 있다. 연변 지역은 중국조선족 문화의 중심지인 만큼 연변 지역어도 중국조선어에서 상당한 영향을 갖고 있다. 아래에 연변 지역어를 중심으로 중국조선어의 음운 변화를 모음의 음운 현상 변화와 자음의 음운 현상 변화로 나누어 논하려고 한다.

① 모음의 음운 현상 변화

가. 원순모음화

원순모음화는 통시적으로 양순음 /m, p, pʰ, p'/에 후행하는 /i/모음이 /u/로 교체되는 것을 말한다. 예를 들어 '나쁘다, 기쁘다'는 실제로 연변 지역어에서 '나뿌다, 기뿌다'로 발음된다.

ⓐ /i/→/u/
ㄱ. 기뿌다(기쁘다)[95]   예뿌다(예쁘다)   서글푸다(서글프다)
ㄴ. 주룸살(주름살)   무룹(무릎)   고룸(고름)

예문 (ⓐ-ㄱ)은 양순음 아래에서 실현되는 공시적 변이로서 어감을 달리하기 위한 것이다. 예문 (ⓐ-ㄴ)은 '주름살, 무릎'에서 /르/가 /루/로 변한 경우이다. 이는 후행하는 양순음 영향을 받아 일어나는 동화이다. 이처럼 /ɨ/가 입술소리 자음과 결합해서 /u/로 바뀌는데 이는 입술소리를 내는 과정에서 입술을 움직이게 되므로 평순모음 /ɨ/가 원순모음 /u/로 바뀐 것이다. 즉 발음의 편리를 위하여 자음에 의한 모음의 적응현상이 일어나면서 생기게 된 변화라고 할 수 있다.[96]

나. 비원순모음화

전설에 단모음의 원순모음이 없는 연변 지역어에서 비원순모음화는 원순모음화와는 달리 일종의 전설모음화로 논의될 수 있다. 이 지역에서 실현되는 비원순모음화에는 /u/→/ɨ/, /o/→/ɛ/ 등이 실현된다.

ⓑ /u/→/ɨ/, /o/→/ɛ/
  ㄱ. 고치(고추)   국시(국수)   갈기(가루)
     칩때(춥다)   부시다(부수다)   디비(두부)
  ㄴ. 쌔우다(쏘이다)   재우다(조이다)   내우다(놓이다)

예문 (ⓑ-ㄱ)은 [+back, +high, +round] 자질을 가진 /u/가 [-back, +high, -round]인 /ɨ/로 교체되는 것인데, 이것은 /ɨ/→/u/로의 원순모음화보다 미약하게 나타난다. 예문 (ⓑ-ㄴ)의 단어들은 연변 지역어에서 어미 /-아/와 통합하여 /w/반모음으로 만들어지는데, 각각 '쌔와라, 재와라, 내와라' 등으로 실현된다.

---

95) ( )안의 단어는 중국조선어 표준어를 표기하고 '기뿌다'는 연변 지역어를 표기한다. 본 연구에서는 모두 이런 표기 방법을 사용한다.
96) 황대화(1999), 『조선어방언연구』, 료녕민족출판사.

다. 이중모음의 단모음화

ⓒ /wi/→/i/, /u/
　ㄱ. 방기(방귀)　　　기저기(기저귀)　　　바키(바퀴)
　ㄴ. 우(위)　　　　　운마을(윗마을)　　　뚜지다(뒤지다)

예문 (ⓒ-ㄱ)의 경우 이중모음 '귀'가 자음아래 [w]를 탈락하여 /i/로 단모음화하는 경우이다. 예문 (ⓒ-ㄴ)은 /wi/→/uy/→/u/로 실현되는 단모음화이다. 왜냐하면 /wi/가 /u/로 실현되는 경우 합리적인 설명이 안 되기 때문이다. 따라서 예문 (ⓒ-ㄴ)은 y계 이중모음으로 [uy]에 /y/가 탈락하여 [u]를 남기는 어말 /u/형으로 변화된다.

ⓓ /iy/→/i/
　ㄱ. 이새(의사)　　　이학(의학)　　　　　이혹(의혹)
　ㄴ. 주이(주의)　　　민주주이(민주주의)　내이(내의)

위의 예문을 살펴보면 (ⓓ-ㄱ)은 [iy]가 어두음으로 올 경우 /i/로 수의적으로 실현되는 예이다. [iy]가 어말음이 되면 거의 /i/로 실현되는 것이다.

라. 움라우트

움라우트는 /i/나 /y/를 동화주로 하여 그 앞에 있는 [+back]모음인 /ɨ, ə, a, u, o/를 [-back] 모음인 /i, e, ɛ, ü, ö/로 발음하게 하는 현상이다. 움라우트는 동화주와 피동화주 사이에서 하나 이상의 [-cor]자음이 개재해야 이루어지는 일종의 역행동화이다.

ⓔ /a/→/ɛ/

    놀랜다(놀란다)   매끼다(맡기다)   쌔미(쌈)

ⓕ /ə/→/e/ [+back]→[−back]

    메기다(먹이다)   구데기(구더기)   삐낀다(벗긴다)

예문 ⓔ와 ⓕ는 보편적 현상으로 매우 강하게 움라우트를 실현하며 그 예도 대단히 많이 발견된다.

마. 모음 축약

형태소와 형태소의 결합에서 앞 형태소의 끝소리와 접속되는 형태소의 첫소리가 모두 모음일 때 이 두 모음이 합해져서 이중 모음으로 변하거나, 또는 그 간음인 단모음으로 변하여, 두 음절이 한 음절로 바뀌는 현상을 축약이라 한다. 이 현상에는 /i+ə→yə/, /i+i→iy/, /o+a→wa/, /o+ə→wə/와 같이 이중 모음으로 대응하는 경우와 /a+i→ɛ/, /ə+i→e/, /o+i→ö/ 등 간음으로 바뀌는 경우 두 가지가 있다. 그러나 본 연구에서는 다음 세 가지 형태만 논하기로 한다.

ⓖ /o+a→wa/

    봐라(보아라)   해놔라(해놓아라)   쏴서(쏘아서)

첫음절의 성절음이 /o/인 경우는 후속모음과 합쳐질 때, /w/인 반모음으로 변하여 음절이 축약되는 것인데 이런 현상을 모음충돌회피현상이라고 할 수 있다.

ⓗ /i+ə→yə→e/

    마시+어라→마셔라→마세라

    비비+어라→비벼라→비베라

어지럽히+어서→어즈러펴서→어즈러페서
잡히+어서→자펴서→자페서
훔치+어→훔쳐→훔체

이중 모음 /yə→e/에 대하여 기타 방언에서는 일반적으로 치찰음
의 경우에 한하지만, 연변 지역어에서는 선행 자음의 유무나 종류에
상관없이 /yə→e/ 규칙이 필수적으로 적용된다는 것이 특이하다.

   ⓘ /e/→/ə+i(əy)/
     서이(셋)   너이(넷)

바. 고모음화

고모음화는 [-high]자질을 가진 모음이 [+high]자질을 가진 모
음으로 바뀌는 현상인데 일종의 폐구조 모음화로 연변 지역어에서
는 /o/→/u/, /ə→ɨ/으로 변화되는 음운 현상을 보인다.

   ⓙ /o/→/u/
     먹꾸(먹고)   실제루(실제로)   쓰구(쓰고)
     모시구(모시고)   까꿀루(거꾸로)   쪼개구(쪼개고)
   ⓚ /ə→ɨ/
     다스(다섯)   여스(여섯)   마즈(마저)

예문 ⓙ는 매우 활발하게 나타나는 현상이지만 규칙을 세우기 어
렵다. 그러나 한 형태소 내의 첫 음절에서 실현되지는 않으며, 형태
소 경계인 조사나 어미 /-로/, /-고/는 [-루], [-구]로 변화한다.
이러한 고모음화는 흔히 나타나는 현상이다. 예문 ⓚ는 자음 삭제와
더불어 고모음화 현상이다.

사. 저모음화

저모음화란 고모음의 중모음, 저모음화, 중모음의 저모음화의 변화과정을 말한다. 연변 지역어에는 /i/→/ε/, /ə/→/ε/, /u/→/o/, /i/→/e/, /ɨ/→/a/, /ɨ/→/ə/, /ə/→/a/, /e/→/ε/가 있다.

ⓛ /ə/→/ε/, /u/→/o/, /i/→/e/, /ə/→/a/, /e/→/ε/
하겠따(하겠다)　　　오좀(오줌)　　　　글페(글피)
게다(기다)　　　　　거마리(거머리)　　택(턱)

/o/→/u/의 고모음화와 대조되는 것으로 /u/→/o/의 저모음화는 비교적 적게 교체를 보이는데 이 지역에서 /o/로 발음되는 것은 고어형이라고 볼 수 있다. /i/→/e/는 공시적으로 볼 때는 모음의 대립으로 처리할 수 있겠으나 통시적으로 살펴보면 ăi>ε>e>i의 변천과정을 거친 것으로, '글페'는 '글피'보다 고형이라고 볼 수 있다. /ə/→/a/는 규칙을 세울 수 있을 정도는 아니고, 어휘에서 수의적으로 나타나는 현상이다.

ⓜ /ɨ/→/ə/
아덜(아이들)　　　　　가네덜(가네들)

예문 ⓜ는 /n, t, r/에 후행하는 /ɨ/가 오면 거의 /ə/로 바뀌는데 (i→ə/n, t, r), 폐구조 모음 현상인 /ə/와는 대조적이다.

② 자음의 음운 현상 변화

가. 경음화

경음화는 음운의 통합 관계에서 청각의 인상을 뚜렷하게 하기 위하여 자음이 경음으로 되는 현상인데 젊은 층에서 보편적으로 실현되는 변화이다. 여기에는 어두 자음의 경음화와 형태소 간에 두 자음이 연결될 때 오는 무성자음이 경음화되는 두 가지가 있다.

ⓝ /k/→/k'/, /s/→/s'/, /p/→/p'/, /c/→/c'/, /t/→/t'/

꾸기다(구기다)	까꿀루(거꾸로)	끔(금)
싸위(사위)	씨원하다(시원하다)	쎄다(세다)
빼쫍때(비좁다)	쪼끔(조금)	짜갈(자갈)
뚱글다(둥글다)	딱따(닭다)	뚜께비(두꺼비)

ⓞ 폐쇄음 /k, t, p/ 뒤에서는 경음화를 실현한다.

밥뚜(밥도)	책까(책과)	뜯끼우다(뜯기다)
쉬쓸대(쉬슬다)	소꿉찔(소꿉질)	밭꼬랑(밭고랑)

ⓝ은 어두 경음화가 실현된 경우이고 ⓞ는 어중 경음화가 실현된 경우이다. 어두 경음화는 점차 늘어나는 추세이고 연변 지역어에서는 강조하는 역할을 하기 때문에 많이 사용되고 있다. 연변 지역에서 어중 경음화는 파생, 곡용, 합성어에서 일어난다.

나. 유기음화

유기음화는 평파열음 또는 평파찰음 /p, t, k, c/이 /h/과 상호 결합하여 각각 유기음 /pʰ, tʰ, kʰ, cʰ/로 실현되는 현상이다. 연변 지역어에서 실현되는 유기음화를 두 가지로 나누어 볼 수 있다.

ⓟ 숨키다(숨기다)   신키다(신기다)   쭈크리다(쪼그리다)

예문 ⓟ는 어떤 음운적 환경이나 조건 없이 무기음 [-asp]이 유기음 [+asp]으로 변하는 일종의 음운강화 현상이다.

ⓠ ㄱ. 하쾨(학회)   끌타(끓다)   일키다(읽히다)
   ㄴ. 찌타(찔다)   싸타(쌓다)   노타(놓다)

예문 ⓠ는 자음축약의 유기음화는 곡용, 활용, 파생, 합성어 등 대부분의 경우에 나타난다.

다. 구개음화

여기에서 말하는 구개음화는 /i/나 /y/에 선행하는 비구개음인 /k, k', kʰ, t', tʰ, h/가 /i/나 /y/의 영향을 받아 [+high]자질을 지닌 구개음으로 변하는 현상이다. /k/→/c/의 구개음화는 통시적인 변화로 어두음에서 실현되며, 형태소 경계에서 일어나는 공시적인 구개음화는 /t/→/c/이다.[97] 연변 지역어에서 /h/→/ʃ/의 구개음화는 잘 실현되지 않는다.[98]

ⓡ 지슴매다(김매다)   질다(길다)   시라지(시래기)
   집때(깁다)   질(길)   짐치(김치)
   지대다(기대다)   지둥(기둥)   지름(기름)

예문 ⓡ에서는 /ㄱ→ㅈ/의 구개음화인데 통시적인 변화로 어두음

---

97) 한영목(1987), 「금산지방의 방언 연구」, 『논문집』 24-1, 충남대학교 인문과학연구소.
98) '형수>헹수, 형님>헹님, 힘들다>힘들다' 등에서 구개음화가 일어나지 않는다.

에서 실현되는 현상을 나타낸 것이다. 즉 구개음화를 일으킬 수 있는 음운론적 전제 조건인 모음 'ㅑ, ㅕ, ㅛ, ㅠ, ㅣ' 등의 영향을 받아 실현되기 때문이다.

    ⓢ 끄티(끝이)   바티(밭이)   가을거디(가을걷이)

예문 ⓢ에서 볼 때 연변 지역어에서는 보통 [t, tʰ]가 경구개음 [ㅈ, ㅊ]로 구개음화가 실현되지 않는 고어형의 특징을 보인다.[99]

라. 자음 탈락

자음 탈락은 형태소 내의 탈락과 형태소 배합 관계에서의 탈락으로 구분할 수 있다. 여기에서는 형태소 내의 탈락만을 예를 들기로 한다.

    ⓣ /ɦ/탈락
        고애(고양이)   새일(생일)   부에(부엉이)
        코이(콩이)   따이(땅이)   물도이(물동이)

예문 ⓣ는 /ɦ/탈락과 더불어 비음화가 실현된 예들이다. 자음 /ɦ/이 모음사이에서 약화되어 발음되지 않기 때문에 연변 지역어에서는 예문 ⓣ와 같은 특징적인 언어현상이 생긴다.

    ⓤ /h/ 탈락
        노은게(놓은게)   사을(사흘)   상다이(상당히)
        완저이(완전히)   저나(전화)   조아(좋아)

---

99) 극소수의 [t, tʰ]가 경구개음 [ㅈ, ㅊ]로 실현되고 있다. 예를 들면 '미다지(미닫이), 마지(맏이)'가 그러하다.

연변 지역어에서 [h]가 약화되어 발음되지 않는 현상이 많은 것이 특징적이다.

    ⓥ /s/ 탈락
        머(무엇)   저게야(저것이냐)   어느게야(어느것이냐)

이 말음 /s/의 탈락은 의문 대명사나 불완전 명사에 나타나고 있다.

마. 중간 자음 유지

연변 지역어에서 고어형의 중간 [ㄱ, ㅅ, ㅂ] 자음 유지 현상이 나타나고 있다. 다음의 예문 ⓦ는 [ㅂ, ㄱ, ㅅ] 중간 자음을 유지하는 예이다.

    ⓦ /-p-/, /-k-/, /-s-/ 유지
      ㄱ. 가분데(가운데)   버버리(벙어리)   새비(새우)
         서분하다(서운하다)   여비다(여위다)   자불다(졸다)
      ㄴ. 맹글다(만들다)   벌거지(벌레)   얼구다(얼리다)
         낭기(나무)   멀기(머루)   놀가지(노루)
      ㄷ. 과실(과일)   가새(가위)   기슬(가을)
         지슴(김)   흰자시(흰자위)   구시(구유)

예문 (ⓦ-ㄱ)은 [ㅂ]중간 자음을 유지하는 예이고, (ⓦ-ㄴ)은 [ㄱ] 중간 자음을 유지하는 예이며, (ⓦ-ㄷ)은 [ㅅ]중간 자음을 유지하는 예이다. 연변 지역어에서는 (ⓦ-ㄴ)과 같이 고어형이 그대로 유지되는 현상을 흔히 볼 수 있다.

바. 자음 첨가

이 변화는 형태소 내의 음운 첨가와 형태소 배합 관계에서의 음운 첨가가 있는데, 이것도 일종의 음운 강화 현상이라 할 수 있다. 연변 지역어에는 /r/첨가가 많이 일어나고 있다.

ⓧ /+ㄹ/첨가

길르고(기르고)	흘르다(흐르다)	문질르다(문지르다)
빨르다(빠르다)	갈르고(가르고)	달르다(다르다)

소위 '르 불규칙' 동사로서, 용언에서 받침이 없는 음절 뒤에 /-r-/로 시작되는 음절이 오면 /-r-/에 역행되어 첨가되는 현상 이다. 연변 지역어에서 뒤 소리마디가 'ㄹ'로 시작되는 경우 품사나 토 그리고 뒤 소리마디에 따르는 모음의 여하에는 관계없이 'ㄹ'덧 나기 현상이 나타나고 있지만 그 가운데서도 '～르다'가 가장 전형 적으로 나타나고 있다. '모르다', '다르다'와 같은 부류의 단어들은 본래부터 원형이며 기본형이었겠으나 실제 구어에서는 그것들이 한 동안 '몰르다', '달르다'와 같이 바뀌어 발음되었을 것이며 그것은 또한 법칙적인 것으로 보편화된 것이다.[100]

그런데 기저형은 모음 앞에서 실현되는 형태로 기저형을 파악하 는 것이 옳다고 여긴다. 즉 {아X/어X} 앞에 나타나는 어간의 형태 를 기저형으로 생각한다. 예를 들어 [할타서, 달마서, 절머서, 안자 서]의 어간 기저형이 /핥아서, 닮아서, 젊어서, 앉아서/가 되는 것과 같다. 따라서 연변 지역어의 ⓧ는 /길+으고, 흘+으고/ 등을 기저형 으로 보는 것이 좋을 듯하다. 그렇다면 ⓧ는 /-r-/첨가가 아니라 /-r-/유지로 볼 수 있다.

---

100) 황대화(1999), 『조선어방언연구』, 료녕민족출판사.

지금까지 중국조선어 음운 현상의 변화는 연변 지역어를 중심으로 자음의 음운 현상 변화, 모음의 음운 현상 변화 등으로 나누어 고찰하였다. 이러한 음운 현상의 변화는 꼭 개혁개방 후에 진행된 것이라고 단정할 수 없으며 개혁개방 이전에 진행된 음운 변화도 있기 마련이다. 음운 현상의 변화 시기를 단정하기 어려운 것은 현재 음운 변화를 기록한 자료가 많지 않기 때문에 검토하기 어려운 편이다. 또한 음운의 변화는 짧은 시간 내에 나타난 것이 아니라 오랜 시간의 변화를 요구하며 지금도 중국조선어의 음운의 변화는 진행 중에 있기 때문이다. 다만 위에서 논한 음운 현상의 변화는 지금 중국조선어가 겪은 음운 변화이므로 본고에서 연구 대상으로 논의하였다.

2) 중국조선어 문법의 변화

개혁개방 후 중국조선어 문법의 변화는 많지 않다. 문법은 가장 안정적인 부분으로 언어의 변화 중 문법의 변화는 정도도 미약하고 속도도 완만하다. 중국조선어 문법의 변화는 한어의 영향을 받아서 나타난 경우가 많다.

(1) 접미사 '적', '성'의 생산성

ⓐ 접미사 '적': 전인민적소유기업소, 경제적효과성, 경제적조치, 허위적명성, 혈육적관계, 개별적선거구역, 혁명적전우, 비법적소득, 우선적으로, 성과적으로, 모범적으로, 솔선적으로, 전시(市)적으로, 계약적으로, 변상적으로……

ⓑ 접미사 '성': 림시성건물, 정책성결손, 전국성인민군중단체, 지역성차이, 팽창성수요, 내약성측정, 대비성훈련, 기초성역할……

중국조선어에서 접미사 '적'과 '성'의 사용은 한어 '的'과 '性'의
영향을 받은 것이다. 한어를 중국조선어로 번역하는 과정에서 직역
하여 '적'과 '성'을 붙이게 되었는데 이는 경우에 따라 붙이기도 생
략되기도 한다. 위의 예문에서 사용된 '적'과 '성'은 생략되거나 다
른 표현을 사용하면 더욱 좋은 번역이 될 것 같다.

(2) 한어식 문장구조의 출현

ⓐ 如果…那么…: 만일…면(으면)

ㄱ. 만일 흐린 날씨거나 집안에서 경상적으로 쓰면 (연변일보
1987-7-10)
ㄴ. 만일 세상사람들이……리유를 들고 나와 반대해나선다면 (연변일보
1989-7-11)

ⓑ 在…下…: …하에

ㄱ. 조자양총리의 안내하에 중국인민해방군 3군 명예위병대를 사열하였
다. (연변일보 1981-1-11)
ㄴ. 성정부의 정확한 지도하에 높은 책임감과 사명감으로, (연변일보
2013-7-10)

ⓒ …关键在…: 관건은 …(것)에 있다

ㄱ. 중국발전의 관건은 개혁과 개방을 일층 심화하는데 있다. (연변일보
1988-7-10)
ㄴ. 관건은 기존틀에 얽매여 시장경제발전에 순응하지 못하는 사유방식
에 있지 않겠냐는 생각이다. (연변일보 2000-7-11)

ⓓ 为…而…: …기 위하여…

ㄱ. 설명절을 쇠도록 하기 위하여 국가계획위원회에서는 9일에 통지를
내려. (연변일보 1996-1-10)
ㄴ. 현재의 상황을 타개하기 위해서. (연변일보 2006-7-10)

위의 표현들은 한어에서 매우 활발히 쓰이는 문장 구조이다. 중국 조선족들은 어릴 때부터 한어를 배우면서 이러한 문장 구조를 잘 습득해야 한어를 잘 쓸 수 있게 되므로, 이러한 문장구조는 조선족들의 사유형식에 영향을 주고 있다. 특히 한어를 중국조선어로 번역한 번역문에서 이러한 형식들은 매우 폭 넓게 사용되고 있다.

(3) 의문사를 반복하는 문형을 사용한다

ⓔ ㄱ. 무엇이 있으면 무엇을 먹는다.
ㄴ. 무슨 문제가 있으면 무슨 문제를 해결한다.
ㄷ. 누가 먼저 오면 누가 한다.
ㄹ. 어디에 압박이 있으면 어디에 반항이 있다.[101]

위의 표현들은 '要幾個, 給幾個。'와 같은 연쇄복합문을 모방하여 사용한 결과이다. 한어의 이런 표현은 의문사를 반복하여 뒤의 의문사가 앞의 절에서 서술된 내용을 그대로 포함한다. 위의 예문을 중국조선어 문장구조에 맞게 번역하면 다음과 같다.

ⓕ ㄱ'. 있는 대로 먹는다.
ㄴ'. 문제가 있는 대로 해결한다.
ㄷ'. 먼저 온 사람이 한다.
ㄹ'. 압박이 있는 곳에 반항이 있다.

위에서 제시한 몇 개 문법의 변화 외에 제3장 제1절 한어의 영향에서 어순의 변화, 단어결합 형태의 변화, 조사의 생략 등을 논하였다. 이러한 내용은 앞에서 언급하였기 때문에 여기에서는 생략하기

---

101) 이 예문은 崔奉春(1994)의 내용을 참조한 것이다.

로 한다. 문법의 변화는 매우 느리고 구어체에서 많이 나타나는 편이므로 문법의 변화 형태를 검토하는 것은 쉬운 일이 아니다.

3) 중국조선어 어휘의 변화

개혁개방 후 중국조선어 어휘의 변화는 주로 그 사용의 변화 즉 고유어의 사용 변화, 한자어의 사용 변화, 외래어의 사용 변화, 관용 표현의 사용 변화, 기타 등으로 나누어 검토하려고 한다.

(1) 고유어의 사용 변화

중국조선어의 고유어는 조성과정에서 기본적인 어기를 중심으로 복합에 의한 합성이나 파생의 이차적인 조어법이 발달되었고 상징어나 감각어가 발달되었다. 이러한 고유어는 일반 생활 어휘 또는 기초어휘를 담당하고 있다. 이는 전문 어휘, 특수 어휘 쪽을 담당하는 한자어와는 다른 특성이다. 본고에서 개혁개방 후 ≪연변일보≫에 나타난 자료를 검토해본 결과 중국조선어 고유어의 사용의 변화는 새로 생긴 고유어, 소실된 고유어, 의미 변화를 겪은 고유어로 분류할 수 있다.

① 새로 생긴 고유어

새로 생긴 고유어는 새로운 사물의 명칭을 나타내는 신어 '도우미, 찜질방', 접미사 '-나다'와 새롭게 파생된 '거듭나다', 접미사 '짱'과 새롭게 파생된 '몸짱, 얼짱' 등이 있다. 아래에 이러한 어휘들이 실제 문맥에서 어떻게 쓰이고 있는지 살펴보도록 한다.

ⓐ 도우미

중국조선어에서 사용하는 '도우미'라는 단어는 한국어에서 받아들인 것이다. 한국어에서 '도우미'라는 단어는 1993년 한국 대전 엑스포에서 처음 쓴 신어인데 '행사 안내를 맡거나, 남에게 봉사하는 요원'을 이른다. '도우미'는 '돕다'라는 동사에 접미사 '-음'이 붙어 명사가 되고 다음 파생접미사 '-이'가 결합하여 전성명사가 된 고유어인데 '지킴이'도 이렇게 생긴 고유어이다.[102) '도우미'는 장면에 따라 '안내원(案內員), 봉사자(奉仕者)' 등과 같은 어휘소와 동일한 개념과 지시대상을 가질 수 있지만 지시물이 다를 때는 의미의 편차가 생긴다. 그러나 이러한 한자어에 비해 대상이나 개념을 이해하는 데 쉽고 구체적이며 사실적[103)이므로 더 활발하게 쓰이고 있다. ≪연변일보≫에 '도우미'라는 고유어가 많이 출현하는데 단일어 형태뿐만 아니라 '가사도우미, 일손도우미, 육아도우미' 등 합성어 형태로도 출현한다.

ㄱ. 농촌원격교육 농민치부의 도우미. (연변일보 2007-7-10)
ㄴ. 한국정부 조선족 가사도우미 장기체류 합법화. (연변일보 2010-5-4)
ㄷ. 연흥사회구역 가정봉사쎈터 주민들 일손도우미로. (연변일보 2013-12-4)

ⓑ 찜질방

'도우미'가 파생의 조어법에 의해 생긴 신어라면 '찜질방'은 기존 단어의 일부를 다른 요소로 바꾸는 방식인 대치의 조어법에 의해 만

---

102) 이명희(2002)에서는 '도우미'를 중국조선어에서 쓰이지 않는 한국어에서만 쓰이는 이질화된 고유어로 지적하고 있다.
103) 고유어는 우리 겨레의 감성과 직관에 바탕을 둔 것이므로 한자어에 비해 사물의 의미를 파악하게 하는 데 차이가 있다. 고유어는 한자어보다 한민족에서 있어서 대상이나 개념을 표현하고 이해하는 데 쉽고 구체적이며 사실적이라고 할 수 있다. 임지룡(2009) 참조.

들어졌다.[104]사회의 발전과 문물의 발달 과정에 어휘가 필요한 경우 인접한 국가 혹은 지역에서 차용이 광범위하게 이루어지는데 중국조선어의 경우 한국과의 빈번한 접촉으로 인해 '찜질방'을 받아들이게 된 것이다. '찜질방'이라는 고유어가 ≪연변일보≫에 사용된 예문은 다음과 같다.

> ㄱ. 찜질방 리용후에는 땀을 씻어내기 위해서는 자신의 몸에 맞는 목욕법을 선택하는것이 좋다. (연변일보 2009-7-10)
> ㄴ. 찜질방 사우나, 이런 분들 '절대 조심하세요'. (연변일보 2014-5-18)

ⓒ 거듭나다

중국조선어의 고유어는 기본적으로 어기를 중심으로 복합에 의한 합성이나 파생의 이차적인 조어법이 발달되는 특징이 있다. 부사 '거듭'은 접미사 '-하다', '-되다', '-나다'와 함께 '거듭하다, 거듭되다, 거듭나다'와 같은 파생동사를 생성시킨다. 중국조선어에서 부사 '거듭'은 접미사 '-나다'와 결합하는 경우가 없었으나 현재 '-나다'와 결합하여 '지금까지의 방식이나 태도를 버리고 새롭게 시작하다'와 같은 의미로 활발히 쓰이고 있으며 ≪연변일보≫에서 많이 출현한다.

> ㄱ. 심양 서탑교통은행 '조선족은행'으로 거듭나. (연변일보 2007-12-6)
> ㄴ. 인민대표 만족 인민대중 지지하는 기관으로 거듭나야. (연변일보 2010-2-3)
> ㄷ. 부민공사 백성 위한 공사로 거듭나야. (연변일보 2010-10-12)
> ㄹ. 평범남에서 매력남으로 거듭나는 비결. (연변일보 2011-12-26)
> ㅁ. 사회봉사 다원화 전문화로 거듭나. (연변일보 2013-12-12)

---

104) 신어 조어법에는 전통적인 합성 및 파생의 방식 이외에도 혼성, 축약, 대치의 방식이 있다. 임지룡(2002) 참조.

ⓓ 몸짱

'몸짱'이라는 단어도 한국어에서 받아들인 고유어 신어이다. '몸짱'이란 '몸매가 아주 늘씬하거나 근육이 보기 좋게 발달한 사람을 속되게 이르는 말'이다. '몸짱'은 명사 '몸'에 접미사 '짱'105)이 결합된 파생어이다. '몸짱'이라는 단어는 한국의 인터넷, TV프로그램에서 많이 출현하면서 중국조선족 청소년들에게 영향을 주어 사용하게 되었다.

ㄱ. 식품영양학을 전공한 K씨는 현재 술 한모금 입에 대지 않을 정도로 몸짱을 유지한다. (연변일보 2013-6-3)

② 소실된 고유어

중국조선어에서는 위와 같이 새로운 단어들이 나타나 어휘 구성을 보충하는 반면에 약간의 단어들이 점차 폐어(死語)로 되어 자취를 감추게 된다. 중국조선어에서 소실된 고유어는 완전히 소실되었거나 점차 사용빈도가 낮은 고유어 혹은 다른 단어에 의해 대체된 고유어 등으로 나눌 수 있다.

ⓐ 소실된 고유어

≪연변일보≫에 나타난 고유어에서 완전히 소실되었거나 점차 사용이 적어진 고유어로는 '거적짜기, 손모, 되거리하다, 두리' 등이 있다. 이러한 단어들이 ≪연변일보≫에 나타난 예문은 다음과 같다.

---

105) 접미사 '짱'은 신체어에 결합되어 많이 쓰인다. 예하면 '얼짱, 다리짱' 등이다. 물론 '짱'은 본래부터 신체어에 결합되어 접미사처럼 쓰인 것은 아니다. 본래는 명사로 쓰인 단어이다. 다만 청소년 사이에서 은어로 쓰여 일반인들에게는 그렇게 익숙하지 않은 것뿐이다. 조항범 (2004) 참조.

ㄱ. 그외의 부녀들과 로약로동력은 거적짜기부업을 하고 있다. (연변
   일보 1979-1-10)
ㄴ. 직파를 도입한 집들에서는 손모를 내는 손종관, 조수동 등 10여호 사
   원들의 벼모를 떠주거나 벼모를 꽂아주었는데 이 생산대 력사에서 처
   음으로 6월 3일까지 모내기를 전부 끝내였다. (연변일보 1983-1-11)
ㄷ. 앉은자리에서 되거리하거나 남새를 거두어두었다가 때를 보아서 비싸게
   파는 등 행위를 타격하였다. (연변일보 1983-7-10)
ㄹ. 조선로동당중앙의 두리에 굳게 뭉쳐 자기의 조국을 잘 건설하며 조선
   반도의 항구한 평화를 쟁취하기 위하여 계속 전진하리라 확신합니
   다. (연변일보 1994-7-10)

위의 예문에서 '거적짜기'란 '거적을 짜는 것'을 말한다. '거적'이
란 '짚을 두툼하게 엮거나, 새끼로 날을 하여 짚으로 쳐서 자리처럼
만든 물건'을 말한다. 그리고 '손모'란 '손으로 심는 모'를 말한다.
'거적짜기, 손모'란 단어가 소실된 원인은 사회가 발전함에 따라 사
람들의 생산 수단과 생활 방식이 변하여 이러한 단어들이 점차 폐어
로 되었다. 예문에서 사용된 '되거리하다'는 '물건을 사서 곧바로 다
른 곳으로 넘겨 팔다'라는 뜻으로 쓰였고 '두리'란 '둘레'라는 뜻으
로 쓰였으며 문화어에서는 사용하고 있다. '되거리하다, 두리'라는
단어는 우리들의 일상생활에서 거의 사용하지 않는다.

ⓑ 대체된 고유어
《연변일보》에 나타난 고유어에서 다른 단어에 의해 대체된 고
유어로는 '인제, 물에뛰여들기, 꽃움, 눈알내압, 큰물피해, 산골
맛,'106) 등이 있다.

---

106) '큰물피해, 눈알내압, 산골맛'라는 단어는 '고유어+한자어'혹은 '한자어+고유어'로 결합된
    것이지만 여기에서는 고유어에서 다룬다.

ㄱ. 곳곳마다에서 ≪**인제**부터 정말 해볼만하다.≫는 말이 튀어나왔다. (연변일보 1979-1-10)

ㄱ'. 새로운 희망과 신심을 가지게 되었고 **이제**부터라도 시부모에게 효도를 다하면서 잘살아보겠다. (연변일보 2007-1-10)

ㄴ. 중국의 물에뛰여들기 건아들이 제8차 세계컵경기에서 금메달을 독차지 하였는데 이는 세계 **물에뛰여들기** 3대경기에서 전례없는 일이다. (연변일보 1994-1-9)

ㄴ'. 곽정정 **다이빙** 3메터 경기 금메달 (연변일보 2008-8-17)

ㄷ. **눈알내압**(眼压)이 높아질수 있어 눈과 머리가 아파나고 온몸이 맥이 없고 어림증이 나는 등 좋지 못한 증세가 나타날수 있다. (연변일보 1987-7-10)

ㄷ'. 녹내장은 **안압**의 상승으로 시신경 섬유가 손상되고, 시신경의 위축과 시 야결손이 초래되는 질환이다. (연변일보 2013-12-11)

ㄹ. 해당부문으로부터 료해한데 의하면 금년에 우리 주에는 **큰물피해**를 받을 가능성이 있다. (연변일보 1989-7-11)

ㄹ'. 주정부 **홍수피해** 대상복구에 진력. (연변일보 2010-8-9)

위의 예문에서 보면 '인제, 물에뛰여들기, 눈알내압, 큰물피해' 등 고유어는 '이제, 다이빙, 안압, 홍수피해'라는 단어에 의해 그 사용이 대체되었다.

③ 의미 변화를 겪은 고유어

의미변화란 어떤 말의 중심적 의미가 편향(偏向)된 사용으로 말미암아 다른 의미로 바뀌는 것을 말한다(J. Whatmough 1956:78). [107] 음운, 어휘, 문법 현상의 변화와 비교해 볼 때 일반적으로 의미의 변화가 더 빠르게 진행된다. 의미 변화를 겪은 단어를 보면 두 가지 관점에서 변화가 일어나는데 하나는 지시하는 범위에, 또 다른 하나는

---

107) 윤평현(2008), 『국어의미론』, 역락, P194.

가치에 변화가 일어난다. 단어가 지시하는 범위 곧 의미영역에 변화가 일어나는 것은 의미가 확대되는 경우와 축소되는 경우, 전이되는 경우로 나눌 수 있고 가치에 변화가 일어나는 것은 의미 하락이나 향상된 경우로 분류할 수 있다.[108]

중국조선족들은 중국에 거주하게 되면서부터 이중 언어생활을 지속하여 왔다. 따라서 중국조선어는 중국어와의 접촉으로 인해 의미가 확대되거나 축소, 전이되기도 하였으며 이러한 의미 변화는 고유어와 한자어에 있어서 모두 진행되었다.[109]그러나 한중 수교 이후 한국어의 영향으로 일부 고유어와 한자어들은 한국어와 같은 의미로 향상되거나 확대되는 모습을 보인다. 중국조선어에서도 의미가 향상된 고유어는 '동아리'를 예로 들 수 있다.

ⓐ 동아리

한국어에서 '동아리'는 '같은 뜻을 가지고 모여서 한패를 이룬 무리'로 '축구 동아리, 야구 동아리, 밴드 동아리'와 같이 취미나 관심이 같은 사람들끼리의 모임이며 외래어 '서클'과 유의어이다. 중국조선어에서 '동아리'는 '(부정적 인물들이) 한패를 이룬 무리'로 부정적 색채로 쓰이고 한국어의 '동아리'와 같은 의미로는 외래어 '써클'이 주로 쓰였다. 그러나 점차 한국어의 영향으로 중국조선어에서 '동아리'는 부정적인 색채보다는 긍정적인 의미로 쓰이고 있다. 이는 지시물의 변화에서 그 원인을 찾을 수 있는데 중국조선어에서 '동아리'는 원래 부정적인 사람들을 지시하던 데로부터 현재는 같은 뜻을 가진 사람들을 지시하게 되었기 때문이다.

---

108) 윤평현(2008), 『국어의미론』, 역락, P213-217.
109) 이명희(2002), 「중국조선어와 한국어의 어휘 차이 연구」, 서울대학교 석사학위논문.

ㄱ. 하지만 심문인원이 그가 다년간 저지른 위법범죄 관련 자료와 그 **동아리**들의 공술을 내놓자. (장백산 1989.1기)

ㄴ. 고모와 한**동아리**인 양모는 고모의 배우자인 주모를 외면한 채 택시를 잡아타고 심양으로 떠났다. (송화강 1991.05)

ㄷ. 연변대학에서 학생**동아리**활동이 유난히 활발하게 펼쳐져 독특한 풍경을 이루고 있다. (연변일보 2010-12-21)

ㄹ. 바로 지체장애인 등산**동아리**회원들의 느리지만 멈추지 않는 산행이다. (연변일보 2012-1-9)

(2) 한자어의 사용 변화

언어는 고립된 것이 아니라 항상 다른 나라, 다른 민족과의 직접 혹은 간접적으로 접촉하는 과정에 상호 영향을 주고 제약하면서 변화한다. 새로운 사물, 대상을 나타내는 새 단어는 우선 본 민족의 언중이 알기 쉬운 고유한 언어적 요소를 기초로 하여 만들어져야 하나, 모든 새 단어는 전부 다 고유어에만 의존하여 표현할 수 있는 것은 아니다. 중국조선어도 역시 다른 언어에서 많은 어휘를 차용하여 사용하고 있다. 그 가운데 한어의 영향을 받아 한자어의 수용이 제일 보편적이다. 중국조선어의 한자어는 자체 발전 과정에서 많은 변화를 가져오게 되었다. 본고에서는 개혁개방 후 중국조선어에서 나타난 자료를 검토한 결과 한자어를 새로 생긴 한자어, 소실된 한자어, 의미 변화를 겪은 한자어로 나누어 검토하려 한다.

① 새로 생긴 한자어

중국조선어에서 새로 생긴 한자어는 대부분 한어에서 수용한 단어들이다. 특히 개혁개방이 시작된 후 한어 기원 한자어 수용은 새로운 형세를 맞이하게 되었다. 계획경제로부터 시장경제로의 이행은 사회의 발전을 촉진하였으며 그에 따라 새로운 어휘를 생성하는 속도가 빨랐고 수량도 많았다. 과학기술이 발달하고 국민들의 생활수준과 사상의식도 제고를 가져왔다. 국가에서 제정한 어문정책도 다시 제 궤도에 들어섰으며 중국조선어어휘규범도 정확한 길을 걷게 되었다. 정책적인 뒷받침과 사회의 안정성은 한어 기원 한자어의 수용을 적극적으로 추진하였다. 한어에서의 새 어휘의 생성 속도와 정비례로 중국조선어에도 한어 기원 한자어의 수용은 수량 상에서 폭증했는바 이 시기 수용은 상대적으로 규범적인 한어 기원 한자어 수용이라고 볼 수 있다. 예를 들면 '다종경영(多種經營), 시장경영(市場經營), 공적금(公積金), 경제모식(經濟模式), 경제특별구(經濟特區), 경비류용(經費流用), 문화지체(文化肢體), 정신문명(精神文明), 물질문명(物質文明), 서부대개발(西部大開發), 가지속발전(可持續發展), 기구개혁(機構改革), 렴정건설(廉政建設)' 등이 있다. 개혁개방의 영향으로 한어에 새 어휘가 증가됨에 따라 중국조선어에는 한어의 영향을 받아 새로운 한자어가 많이 나타났다.

특히 한중 수교 이후 중국조선어에는 새로운 한자어들이 많이 나타났다. 이러한 한자어의 유입 경로에 대해서는 아직까지 전 면모가 밝혀지지 않았기 때문에 여기서는 한자어의 단어 형성법에 따라 수교 이후 출현한 새로운 한자어를 분류해 보려고 한다.

㉠ 한자 파생어:
한자 접두사 파생어: 고화질(高畫質), 과체중(過體重), 급성장(急成長), 급부상(急浮上), 급상승(急上昇), 다단계(多段階), 부조리(不條理), 불리익(不利益), 무공해(無公害), 신세대(新世代), 신조어(新造語), 대기업(大企業)

한자 접미사 파생어: 고용주(雇用主), 공감대(共感帶), 자판기(自販機), 성수기(盛需期), 적령기(適齡期), 동문회(同門會), 동호회(同好會), 미용실(美容室), 자신감(自信感), 렬등감(劣等感), 배신감(背信感), 장애인(障碍人), 정치인(政治人), 직장인(職場人), 적신호(赤信號), 연예계(演藝界), 생필품(生必品), 항공권(航空券), 난방비(暖房費), 화장지(化粧紙), 전단지(傳單紙), 자연산(自然産), 신빙성(信憑性), 진정성(眞正性)

고유어 접미사 '-하다', '-되다', '-시키다'와의 결합: 공모하다(公募), 만끽하다(滿喫), 불참하다(不參), 선호하다(選好), 오열하다(嗚咽), 할인하다(割引), 렬악하다(劣惡), 담백하다(淡白), 매료되다(魅了), 각인시키다(刻印)

ⓛ **한자 합성어:**
병렬 구성 합성어: 괴리(乖離), 점장(店長), 치매(癡呆)

서술 구성 합성어: 완전(完全), 외식(外食), 향후(向後), 역부족(力不足), 건강검진(健康檢診), 혼인신고(婚姻申告)

종속 구성 합성어: 명품(名品), 비법(秘法), 악동(惡童), 계란(鷄卵), 달인(達人), 로후(老後), 잔액(殘額), 불륜(不倫), 숙취(宿醉), 동영상(動映像), 기사(技士), 꽃미남(꽃美男), 노래방(노래房), 안마방(按摩房), 기획사(企劃社), 상승세(上昇勢), 하락세(下落勢), 흑기사(黑騎士), 가정부(家政婦), 성장통(成長痛), 유기농(有機農), 설문조사(設問調査), 정밀검사(精密檢査), 지도교수(指導敎授), 청국장(淸麴醬), 가전제품(家電製品)

위에서 분류한 새로 생긴 한자어들을 종합해보면 한자 접미사와의 파생이 현저하게 많다. 한자어 접미사 '期, 會, 感, 人, 紙, 性'과의 결합이 가장 많이 나타나고, 다음으로 한자어 접두사 '高, 過, 急, 多, 不, 無, 新, 大'와의 결합으로 파생된 한자어가 나타났으며, 고유어 접미사 '-하다, 되다, -시키다'와 결합한 파생어도 나타났다. 그리고 합성어는 종속 구성 합성어가 가장 많다.

위에서 언급한 새로 출현한 한자어들은 중국조선어에 있는 기존의 한자어를 대체하거나 병용하고 있는 실정이다. 기존의 한자어들은 대부분 한어의 영향을 받아 생긴 어휘들이지만 한중 수교 이후한국 한자어의 유입으로 인해 새로 생긴 한자어와 기존 한자어가 병용하고 있는데 그 한자어들을 표로 보이면 다음과 같다.

<표 2> 새로 생긴 한자어와 기존 한자어

새로 생긴 한자어	기존 한자어
지도교수(指導敎授)	도사(導師)
가정부(家政婦)	가정보모(家庭保姆)
향후(向後)	금후(今後)
대기업(大企業)	대형기업(大型企業)
기사(技士)	운전수(運轉手)
청국장(淸麴醬)	썩장(썩醬)
홍보(弘報)	선전(宣傳)
혼인신고(婚姻申告)	결혼등기(結婚登記)
자신감(自信感)	신심(信心)
후보(後補)	후선인(後選人)

아래에는 새로 생긴 한자어들이 구체적인 문맥에서 어떻게 사용되고 있는지를 예문을 통해 살펴보려고 한다.

가. 홍보하다(弘報)

중국조선어에서 '선전하다'는 한중 수교 이전에 '일정한 사상, 리론, 정책' 등을 대중에게 널리 설명하고 해석하여 그들이 인식하고 일떠나 행동하도록 하는 의미로 많이 쓰였는데 이것은 한어 '宣傳'의 영향을 받은 것이다. '홍보하다(弘報)'는 '널리 알리다'의 의미로 새로 생긴 한자어로서 지금은 '선전하다(宣傳)'와 병용되고 있다. '홍보하다'와 '선전하다(宣傳)'는 두 어휘소 간의 개념의미가 동일하고 문맥상 교체가 가능한 유의관계에 있으며 ≪연변일보≫에는 두 단어가 모두 나타났다.

ㄱ. 시선거위원회와 각 단위 선거지도소조에서는 ≪중화인민공화국 전국인민대표대회와 지방 각급 인민대표대회 선거법≫을 광범하고 심도 있게 선전하였다. (연변일보 1980-7-10)
ㄴ. 관광**선전**사업 층차와 수준 제고해야. (연변일보 2010-11-26)
ㄷ. 한국통일부 정책**홍보**실장은 7일 서울중앙정부청사에서 가진 브리핑에서 ……부산에서 개최키로 최종 확정했다고 밝혔다. (연변일보 2006-7-10)
ㄹ. 생태환경의 우수성을 자랑하고 **홍보**하는 것 또한 우리가 홀시하지 말아야 할 중요한 사업이라는 지적이다. (연변일보 2013-11-11)

나. 혼인신고(婚姻申告)

'혼인신고(婚姻申告)'는 '결혼한 사실을 행정 관청에 신고하는 일'이다. 중국조선어 사전의 표제어에는 '혼인등록(婚姻登錄)'이 올라있고 한중 수교 이전에는 한어의 영향을 받아 '결혼등기(結婚登記)'가 나타났다. 최근 중국조선어에는 '결혼'과 '등록'이 합성한 '결혼등록(結婚登錄)'과 함께 한국어의 영향으로 새로운 한자어 '혼인신고(婚姻申告)'가 나타났다. 아직 '혼인신고(婚姻申告)'가 우세를 점하지는 않지만 상당한 생명력을 가지고 '결혼등기', '결혼등록', '혼인등록'과 병용하고 있다.

ㄱ. 연길시 **혼인등록**판공실에 가 **혼인등록**수속을……. (연변일보 2007-4-8)
ㄴ. **결혼등기**를 한 청년남녀들은 반드시 장모있는데 와서 무슨 학습을 한다더니 …… 틀림없었다. (도라지 1990년 2호)

ㄷ. **결혼등록** 대리로 할 수 있습니까? (연변일보 2010-3-29)
ㄹ. **혼인신고**만 한 채 강남에 위치한 고급 주상복합아파트에 살고 있다고 보도했다. (연변일보 2007-7-10)

다. 선호하다(選好)

'여럿 가운데서 특별히 가려서 좋아하다'의 의미인 '선호하다(選好)'는 '조선말사전'에 등재되어 있지 않은 새로 생긴 한자어이다. 이 단어는 한중 수교 이전의 자료에는 나타나지 않았으나 현재 ≪연변일보≫에서는 많이 쓰이고 있다.

ㄱ. 미국인들은 박달나무로 만든 가구를 **선호**한다. (연변일보 2000-7-11)
ㄴ. 량질교육을 **선호**하는 시민들의 욕구가 점점 강렬해지고 있다. (연변일보 2006-7-10)
ㄷ. 탁구애호자들이 선호하는 탁구장으로 자리매김되였었다. (연변일보 2010-11-14)

라. 외식(外食)

중국 ≪조선말사전≫에는 '집에서 직접 해 먹지 아니하고 밖에서 음식을 사 먹음. 또는 그런 식사'라는 의미의 '외식(外食)'이 수록되어 있지 않다. 한중 수교 이전 중국조선어에는 이 한자어가 없었으나 생활의 질이 향상됨에 따라 이 단어가 많이 사용하게 되었다. ≪연변일보≫에 '외식(外食)'이라는 단어가 사용된 예문은 다음과 같다.

ㄱ. **외식**때나 료리집에서 도수 높은 배갈병사리를 잡는것이다. (연변일보 2012-9-14)
ㄴ. 현명한 **외식**습관과 함께 술과 카페인 섭취는 줄이는것이 좋다고 권고하고있다. (연변일보 2013-1-10)

ㄷ. 부부가 선물교환, 공연관람과 **외식** 등 방식을 통해 감정을 증진할것을 제창했다. (연변일보 2013-5-9)

마. 자신감(自信感)

'어떤 일에 자신이 있다는 느낌'의 '자신감(自信感)'은 중국조선어에서는 한어의 '信心'의 영향을 받아 '신심(信心)'을 사용하였다. '자신감(自信感)'은 ≪조선말사전≫에는 수록되어 있지 않고 최근에 새로 등장한 한자어이다. ≪연변일보≫에는 '자신감(自信感)'과 '신심(信心)'이라는 두 단어가 모두 나타났다. 새로 나타난 '자신감(自信感)'이 상당한 경쟁력을 갖추었으나 아직까지 중국조선어에서는 2음절 단어인 '신심(信心)'이 더 우세다.

ㄱ. 우리는 **신심**을 가지고 사양관리를 부단히 개선하고 정책을 참답게 관철하여 집체양돈장을 잘 꾸려야 한다. (연변일보 1979-7-10)
ㄴ. 민영기업인들의 **신심**과 용기를 북돋아주는 실용적인 정책이 아닐수 없다. (연변일보 2013-5-14)
ㄷ. 선생님들도 우리한테 너무나 큰 **자신감**을 심어주었지만 막상 졸업하고나니 현실은 생각보다 너무나 거리가 멀었습니다. (연변일보 2013-4-16)
ㄹ. 사업에 대한 충분한 **자신감**이 모자라고 문제점을 드러내놓기 싫어한다. (연변일보 2013-10-20)

바. 청국장(淸麴醬)

'청국장(淸麴醬)'이나 '썩장'은 우리민족이 즐겨먹는 전통음식인 '담북장'이라는 동일한 지시대상을 두고 두 어휘가 사용된 예인데 한국어에는 '청국장(淸麴醬)'이라는 한자어를 쓰는 반면 중국조선어에는 용언의 어간에 한자어가 결합된 '썩장(썩醬)'이 쓰인다. 이는 지역적 차이만 드러나는 사회적 의미를 제외하면 거의 절대적 동의어라고 할 수 있다. 중국조선어는 한국어의 영향을 받아 지금 '썩장'과 '청국장(淸麴醬)'이라는 두 단어가 모두 쓰인다.

ㄱ. 그녀가 만든 토장, **썩장**에 입맛을 들인 고객들은 …… 다른 손님들을 모시고왔다. (연변일보 2009-5-5)

ㄴ. 60년 동안 장, **썩장**, 오뉘장, 고추장을 담그는 일을 하였다. (연변일보 2010-1-11)

ㄷ. 질좋은 토장, 토간장, 고추장, **청국장** 및 메밀 엿, 찰수수엿, 개엿을 만들어 시장에 내놓아 짭짤한 수입을 얻고있다. (연변일보 2009-5-5)

ㄹ. 연성각이 선보이는 보글보글 **청국장**. (연변일보 2013-5-27)

② 소실된 한자어

중국조선어에서 새로운 한자어가 생기는 반면에 일부 한자어들은 소실되었다. 중국조선어에서 소실된 한자어는 완전히 소실되었거나 점차 사용빈도가 낮은 한자어 혹은 다른 단어에 의해 대체된 한자어 등으로 나눌 수 있다.

≪연변일보≫에 나타난 한자어에서 완전히 소실되었거나 점차 사용빈도가 낮은 한자어는 '민병(民兵), 록화기(錄畵機), 수상기(受像機)' 등이 있다. 이러한 단어들이 ≪연변일보≫에 나타난 예문은 다음과 같다.

ㄱ. 연변군분구당위 결정지어 전 구 부대, **민병**과 예비역 장병들에게 호소. (연변일보 1986-1-10)

ㄴ. 자전거, **록화기**, 색텔레비, 선풍기, 공기조절기, 맥주, 젖제품 등은 각각 13.4%로부터 1.2배 장성하였다. (연변일보 1991-7-10)

ㄷ. 그리고 텔레비죤**수상기**, 재봉침, 자동차다이야, 사료, 양가죽 등 상품 300여만원어치를 수출하였다.

위의 예문에서 '민병'이란 '민간인으로 조직된 군대'를 말하고 '록화기'는 '텔레비전 영상 신호를 기록하거나 재생하는 장치'를 말하며 '수상기'란 '방송된 영상 전파를 받아서 화상으로 변화시키는 장치'를 말한다. 이러한 한자어가 소실된 원인은 사회와 과학기술의 발전에 따라 생산 수단과 생활 방식이 변하게 되어 이러한 단어들이 점차 사용되지 않고 사어로 되었다.

③ 대체된 한자어

≪연변일보≫에 나타난 한자어에서 소실된 한자어가 다른 단어에 의해 대체된 한자어로는 '공기조절기(空氣調節器), 정구장(庭球場), 업여가수(業余歌手), 수령(首領)' 등이 있다.

ㄱ. 자전거, 록화기, 색텔레비, 선풍기, **공기조절기**, 맥주, 젖제품 등은 각각 13.4%로부터 1.2배 장성하였다. (연변일보 1991-7-10)

ㄱ'. 딸라를 앞세워 **에어컨**시설이 달린 경기장 등 등 천문학적인 돈을 쓸 준비가 돼있다. (연변일보 2010-10-18)

ㄴ. 유람선우에는 체육중심도 있는데 **정구장**과 달리기코스도 있다. (연변일보 1993-1-10)

ㄴ'. 연변테니스 갑A시즌이 18일 연길시**테니스장**에서 원만히 결속되였다. (연변일보 2013-5-24)

ㄷ. 주내 260여명**업여가수**들중에서 선발된 각 현(시)의 우수한 업여독창가수 도합 42여명이 참가하였다. (연변일보 1978-7-10)

ㄷ'. 약 500여명의 전업가수, **아마추어가수**들이 참가해 무대에서 기량을 뽐냈다. (연변일보 2013-4-8)

ㄹ. 김일성동지는 조선로동당과 조선민주주의인민공화국의 정초자이며 조선인민의 오랜 시련을 겪은 위대한 **수령**입니다. (연변일보 1994-7-10)

ㄹ'. 조선**최고령도자** 김정은을 국방위원회 제1위원장으로 재차 추대하였다고 이날 전했다. (연변일보 2014-4-10)

위의 예문에서 볼 때 '공기조절기, 정구장, 업여가수, 수령' 등 한 자어는 '에어컨, 테니스장, 아마추어가수, 최고령도자' 등 다른 단어에 의해 그 사용이 대체되었다.

④ 의미 변화를 겪은 한자어

인간의 사고와 행위가 다양해지고 새로운 사물들이 쏟아져 나오는 현실에서 그것을 지시하는 새로운 명칭이 필요하게 된다. 새로운 개념을 나타내기 위해서는 일반적으로 새말의 창조, 외국어의 차용, 기존 단어의 의미 확장의 방법이 있는데 새말로 단어를 만들기에는 한계가 있다. 따라서 기존의 단어가 의미의 영역을 넓혀가면서 새로운 개념을 수용하게 되는데 이것은 인간이 가지고 있는 제한된 어휘 수로 가능한 많은 개념을 표현하려고 하는 언어 경제성의 원리에도 부합되는 것이다.[110] 이와 같은 현상으로 인하여 기존의 단어는 의미변화가 일어나게 되고 의미는 확대된다.

본고에서 고찰한 의미변화를 겪은 중국조선어 한자어는 의미가 확대된 어휘들로서 기존 연구들에서 한국어보다 지시하는 의미 폭이 좁거나 전이된 것으로 지적된 어휘들이다.[111] 이러한 한자어들의 특징을 종합해 보면 특수 분야에서 사용되던 '각서(覺書)', '검색하다(檢索)'와 같은 어휘가 의미의 일반화를 겪게 되었고 중국한어의 영향을 받아 의미가 축소 또는 전이되었던 어휘 '학원(學院)' 등이 지시하는 의미영역이 넓어졌다는 것이다. 새로운 표현의 욕구에 의해 '근사하다(近似)', '자기(自己)' 등 어휘들도 의미가

---

110) 윤평현(2008), 『국어의미론』, 역락, p170.

111) 한국어와 이질화된 중국조선어의 어휘에 관해서는 강보유(1990), 김순녀(2000), 이명희(2002)에서 자세히 논하였다.

확대되었다. 아래에서는 의미가 확대된 한자어 8개를 예를 들어 ≪연변일보≫의 실제 문맥에서 어떻게 사용되는지 알아보도록 한다.

가. 각서(覺書)

중국조선어에서 '각서(覺書)'는 '자기 나라의 의견, 희망 따위를 진술하는 외교 문서'로 쓰이는 어휘이나 한국어의 '각서(覺書)'는 이외에도 '약속을 지키겠다는 내용을 적은 문서'라는 의미가 더 있는 다의어이다. 정치 분야에서 사용되던 어휘가 보다 넓은 사회 집단에서 채택되어 새로운 일반적 의미를 가지게 된 경우이다. 기존연구(김순녀1999, 이명희2002)에서 한국어보다 지시하는 의미 영역이 좁은 어휘로 지적된 '각서(覺書)'는 현재 ≪연변일보≫에서 '어떤 일의 이행을 약속하는 문서'의 확대된 의미로 사용되었다.

> ㄱ. 한로 량국은 량해**각서** 체결을 계기로 조선과 로씨야가 추진하고 있는 라진
>   –하싼 프로젝트의……론의할것으로 예상된다. (연변일보 2013-11-13)
> ㄴ. 어려운 고비를 넘길지언정 감원, 감봉을 하지 않겠다는 **각서**를 사회에
>   공개한것도 이때문이 아니겠는가! (연변일보 2009-1-10)
> ㄷ. 강제로 서명한 퇴직금 포기**각서**는 무효. (연변일보 2013-11-18)

나. 검색하다 (檢索)

중국조선어에서 '검색하다'는 본래 '범죄나 사건을 밝히기 위한 단서나 증거를 찾기 위하여 살펴 조사하다'라는 뜻으로 특정 분야에서 사용되던 어휘인데 인터넷과 컴퓨터의 보급으로 인해 현재는 '책이나 컴퓨터에서, 목적에 따라 필요한 자료들을 찾아내다'의 의미로 일반화되었다. 현재 ≪연변일보≫에서는 두 가지 의미가 모두 사용

되고 있지만 컴퓨터 용어인 '검색하다(檢索)'의 의미가 더 많이 사용되고 있다.

ㄱ. 미국에서 처음 열린 주요 마라손대회여서 보안 **검색** 강화가 다소의 긴장감이 드리운 가운데 진행됐으나 무탈하게 마무리됐다. (연변일보 2013-10-18)
ㄴ. 인간으로서 가장 기본적인 사고의 기능을 디지털기기의 **검색**에 맡기고 조물주가 인간에게만 허락한 희로애락을 이모티콘으로 표현한다. (연변일보 2013-10-18)
ㄷ. 국내**검색**전문사이트 baidu에서도 그 결과가 조회될만큼 연길시의 문화 명소로 부상했다. (연변일보 2011-7-11)

다. 자기(自己)

'자기(自己)'는 일반적으로 '그 사람 자신'을 가리키거나 '앞에서 이미 말하였거나 나온 바 있는 사람을 다시 가리키는 재귀 대명사'로 쓰인다. 한국어에서는 광복 이후 80년대에 이르는 사이 남편이나 아내가 서로 상대방을 '자기(自己)'라 부르면서 친족 호칭에 변화가 생기게 되었다.[112] 한중 수교 이전 중국조선어에는 '동무'를 배우자끼리 서로 상대방을 부르는데 사용하였지만[113] 오늘날 중국조선어 신문과 잡지에는 '배우자끼리'의 호칭, 또는 '친구끼리'의 호칭으로 '자기(自己)'가 등장하였다.

ㄱ. **자기의** ≪성적≫을 남에게 보이기 위해 취하는 이런 형식주의는 마땅히 시정할바이다. (연변일보 1980-7-10)
ㄴ. '남들은 모두 시집신세를 본다는데…… **동무** 제동생까지 데려다놓고

---

112) 강신항(1991), 『현대 국어 어휘사용의 양상』, 택학사, P49.
113) 이명희(2002), 김순녀(2000) 참조.

매일 취재하러만 다니니 난 어떻게 해요?' (청년생활 1992년 제9호)

ㄷ. '그럼 네 생각에는 어찌하면 좋겠어?' '음…… **자기** 말야. 머릿결이 많이 상했어. 날씨도 더워지기 시작하는데 좀 과감하게 짤라보지?' (도라지 2010년4호)

ㄹ. '요즘에 회사도 잘 안돌아가나봐. 야근도 줄고 뽀너스도 줄고…… **자기**가 돈 좀 아껴서 써. 돈이 여간 어렵게 벌어지는게 아니라니까……' (도라지 2011년 3호)

ㅁ. 9월22일 저녁 손모는 록모에게 '**자기**야. 보고싶어'라는 내용의 핸드폰 메시지를 발송했다. (연변일보 2010-11-3)

라. 학원(學院)

중국조선어에서 '학원(學院)'은 '전문교육을 위주로 하는 고등학교[114]의 한 가지'의 의미로서 한국어와는 이질적인 것으로 지적되었다.[115] 한국어의 '학원(學院)'은 사립교육 기관으로 주로 지식, 기술, 예체능을 가르치는 곳이다. 이러한 사교육기관을 중국조선어에서는 중국 한어의 영향을 받아 '학습반(學習班)'이라고 하며 '반(班)'은 중국조선어에서 접미사로 차용되어 생산적으로 쓰인다. 현재 ≪연변일보≫에서 '학원'은 '전문교육을 위주로 하는 고등학교의 한 가지'와 '사립교육 기관으로 주로 지식, 기술, 예체능을 가르치는 곳'이라는 두 가지 의미가 모두 사용되고 '사립교육 기관'의 의미로 쓰이는 '학원'과 '학습반'이라는 두 단어는 공존하여 사용되고 있다.

ㄱ. 7명 젊은 교원들을 성. 주 교육학원에 륜번으로 보내 강습받게 하였으며 로교원들이 ……교수인재양성에 힘을 기울였다. (연변일보 2000-1-11)

ㄴ. 연변대학 체육학원 전통활문화의 새장 열어가. (연변일보 2013-12-2)

---

114) 중국조선어의 '고등학교(高等學校)'는 전문대학이나 대학교에 해당되는 개념으로 중국 한어의 영향을 받은 어휘이다. 한국어의 '고등학교'는 중국조선어에서 '고급 중학교'이다.

115) 강보유(1990), 이명희(2002)참조.

ㄷ. 영어유치원에 다니고 영어학원까지 다니더니 영어를 줄줄 외운다. (연변일보 2011-7-19)
ㄹ. 하지만 주말에도 학습반 때문에 로라스케트는 꿈도 못 꿨는데 지금 마음껏 탈수 있어서 너무 좋아요. (연변일보 2012-3-30)

마. 근사하다(近似)

'근사하다(近似)'는 원래 '거의 같다'의 의미에서부터 '그럴듯하게 괜찮다'의 의미가 확대된 경우이다. 8.15광복 직후 한국에서 청소년층의 익살에 의해 생긴 유행어라고 할 수 있는데[116] 한중 수교 이전 중국조선어에서는 '거의 같다'의 의미로만 사용되었다. 그러나 현재 중국조선어에는 두 가지 의미가 모두 사용되고 있다.

ㄱ. 분석가들은 비록 두 후보가 **근사**한 주장을 펼쳤지만 종체적으로 볼 때 오바마가 더 돌출했고 안정적이였다고 인정했다. (연변일보 2012-7-10)
ㄴ. **근사**한 배낭려행목적지 골라볼가(1). (연변일보 2008-7-22)
ㄷ. '어렸을 때 집안 벽에다 **근사**한 그림을 붙여놓아도 어머니는 언제 한번 꾸중하거나 제지하지 않았습니다.' (연변일보 2013-10-24)

바. 개봉하다(開封)

'개봉하다(開封)'는 중국조선어에서 '봉하여 두었던 것을 떼거나 열다'의 의미이지만 한국어에는 이외에도 '새 영화를 처음으로 상영하다'의 의미가 더 있다. 중국조선어에는 원래 본의미로만 사용되었으나 한국어의 영향을 받아 현재 영화가 새로 상영되는 경우 '개봉하다(開封)'를 사용하고 있다.

---

116) 강신항(1991), 『현대 국어 어휘사용의 양상』, 태학사, P96.

ㄱ. 진가신의 신작 '자기야'는 비경쟁부분에 참가해 8월28일에 **개봉**하며 주요창작맴버인 조미, 학뢰 등이 영화제에 참가할 가능성이 높다. (연변일보 2014-8-18)

ㄴ. 영화는 로맨틱 코미디로 래년 5~9월 **개봉**을 목표로 하고 있다. (연변일보 2014-7-21)

(3) 외래어[117]의 사용 변화

외래어는 언어 접촉에 의해 생겨난다. 언어 접촉에 의한 언어 변화는 음운, 어휘, 문법, 문체 등에서 변화가 있을 수 있지만 그 가운데서 가장 일반적인 것이 어휘의 차용에 의한 변화이다. 본고에서는 1979년부터 2013년까지 ≪연변일보≫ 1월 10일, 7월 10일에 나타난 기사를 3~4개씩 뽑아 그 자료에 나타난 외래어를 통계하였는데 그 결과를 보면 다음과 같다.[118]

<표 3> ≪연변일보(조선어판)≫에 나타난 외래어 개수 (1979~2013년)

연도	개수	연도	개수	연도	개수	연도	개수
1979	8	1990	0	2001	5	2012	5
1980	3	1991	10	2002	9	2013	18
1981	5	1992	17	2003	13		
1982	0	1993	18	2004	15		
1983	2	1994	22	2005	10		
1984	4	1995	12	2006	13		
1985	9	1996	17	2007	6		
1986	4	1997	5	2008	18		
1987	6	1998	23	2009	18		
1988	18	1999	3	2010	5		
1989	4	2000	19	2011	8		

117) 외래어는 중국조선어의 어휘 구성을 고유어, 한자어, 외래어의 삼종 체계로 파악했을 때 차용어 중에서 한자어가 아닌 것을 가리킨다. 외래어와 한자어를 모두 차용어의 하위 부류로 볼 수 있다.

118) 통계한 수치에서 한 기사에 같은 외래어가 여러 번 나타나더라도 한 개로 통계하였고, '손잡이뜨락또르, 남아메리카'와 같은 합성어도 외래어로 처리하였다.

위의 <표 3>을 보면 ≪연변일보≫에 나타난 외래어는 1992년부터 확연히 많아진 것을 알 수 있다. 이는 1992년의 한중 수교로 하여 중국조선어가 한국어의 영향을 받은 것과 관계가 있다.[119] 현재의 중국조선어에는 수교 이전에 사용하지 않았던 새로운 외래어(영어계)가 대량으로 증가하였고 이러한 외래어들은 기존 어휘와 대립관계에 있거나 기존 어휘를 대체하였으며 기존 표기까지 바뀌어 나타났다. 아래에는 이러한 외래어를 새로 생긴 외래어, 기존어휘와 대립 관계에 있는 외래어, 기존 어휘를 대체한 외래어, 표기가 바뀐 외래어로 나누어 그 변화 양상과 특징을 구체적으로 살펴볼 것이다.

① 새로 생긴 외래어

새로 생긴 외래어는 명사가 대부분을 차지하며 동사와 형용사도 있다. 이 장에서는 민현식(1998)의 외래어 유형 분류 방식에 따라 본고에서 검토한 새로 생긴 외래어를 분류하고 그 특징을 살펴볼 것이다.

외국으로부터 차용하여 들어온 외래어는 언어 단위별, 차용 동기별, 차용의 지속성별로 유형 분류를 할 수 있는데 언어 단위별에 따른 차용은 음운, 형태, 통사, 문자 단위로 모두 이루어질 수 있고 차용 동기에 따라서는 필요 차용과 잉여 차용으로 나눌 수 있다. 또한 외래어의 원형의 음과 의미를 어느 정도 유지하느냐에 따라 원형 외래어, 변형 외래어, 신조 외래어 등으로 분류할 수 있는데 지속성별 분류는 언어 단위별 차용과 동기별 차용과 겹치는 부분이 있으므로

---

119) ≪연변일보≫에서 추출한 기사의 유형도 외래어를 통계하는데 영향을 주지만 본고에서 추출한 기사는 정치, 경제, 문화생활, 스포츠, 국제 등 여러 영역의 내용을 무작위로 선택하였기에 통계 결과가 객관성이 있다고 생각된다.

여기서는 언어 단위별과 차용 동기별로 분류해 본다.

ⓐ 언어 단위별 차용 형태
   문법 형태 차용: 소개팅, 핸드폰, 휴대폰, 오피스텔, 에어컨, 리모컨
   문자 형태 차용: TV, CEO, IT, DVD, PC방, U턴

ⓑ 동기별 차용 형태
   필요 외래어: 아이디어, 파트너, 채팅, 스마트폰, 시스템, 아르바이트, 게임, 스킨, 로션, 이어폰, 비자, 플라스틱, 슈퍼마켓, 세미나, 휠체어, 엘리베이터, 가이드, 다이어트, 인터넷, 에어컨, 메시지, 메신저, 광학스펙트르, 월드컵, 오페라
   잉여 외래어: 리드하다, 심플하다, 서빙하다, 패스하다, 핫하다, 노하우

먼저 문법 형태의 차용을 보면 '-팅, -폰, -텔'은 영어에서의 문법적 지위와 상관없이 한국어에 들어와 접사화된 형태인데 'meeting, telephone, hotel' 등 어휘 형태의 일부 '-ting, phone, -tel'을 절단하여 파생접사의 형태처럼 차용된 경우이다.[120] 절단된 형태는 '소개, hand, 휴대, office'와 합성하여 '소개팅, 핸드폰, 휴대폰, 오피스텔'로 되었다. 뿐만 아니라 'air conditioner'는 후행단어의 후반부를 절단하여 마치 한 단어처럼 만들어 '에어컨(aircon)'으로, 'remote control'은 앞뒤 단어의 일부분을 선택하여 '리모컨(remocon)'이라는 혼성어를 만들어 쓰기도 하는데 이러한 외래어들은 먼저 한국어에 도입되었고 후에 중국조선어에 유입된 외래어들이다.

문자형태의 차용을 보면 매우 다양하다. 'TV'는 영어 단어 'Television'의 축약형이다. 'CEO, IT, DVD'는 어두 음절 축약 현상

---

120) 절단(clipping)은 원 단어에서 앞이나 뒤의 형태를 잘라내고 사용하는 경우로 기존 단어의 부분을 잘라내어 새 단어를 만드는 일종의 형태론적 과정이다. 노명희(2010) 참조.

이다. 'CEO'는 최고경영자의 뜻으로 'Chief Executive Officer', 'IT'는 정보기술의 뜻으로 'Information Technology', 'DVD'는 디지털 비디오의 뜻으로 'Digital Video Disk'의 앞 글자를 따와 쓴 약어들의 형태이다. 외래어에서는 원어의 어두만을 따로 떼어 표현하는 현상이 자주 나타난다. 'PC방'은 'personal computer'의 어두 음절을 축약하고 거기에 한자어 '-방'이 결합되어 이루어진 외래어이다. 'U턴'은 '자동차 따위가 'U' 자 모양으로 돌면서 방향을 바꿈' 뜻으로 쓰이며 영어자모 'U' 자와 영어 단어 'turn'을 음차하여 결합된 단어이다.

필요 외래어는 학문, 경제, 산업 등의 필요적 동기(need-filling-motive)에 따라 기존어가 없기에 외래어를 차용하는 것을 말한다. 일상생활에 필요한 생활 외래어나 각 학문 영역에서 쓰이는 전문어가 여기에 속하는데 새로 생긴 외래어에는 '메시지, 메신저, 인터넷, 아르바이트, 이어폰' 등과 같은 생활 외래어와 '비자, 가이드, 세미나, 광학스펙트르, 월드컵' 등과 같은 전문어도 있다.[121]

잉여 외래어의 경우는 원어인 영어에서 동사와 명사로 쓰이지만 서술성 명사의 용법을 보여 '하다'와 결합하여 '리드하다, 패스하다'와 같은 동사가 되고 영어에서 형용사이지만 어근의 자격을 가지고 '하다'와 결합하여 형용사 '심플하다'와 같은 형태가 나타난다. 이러한 잉여 외래어들은 일반적으로 동작과 성상(성질, 상태, 감각, 심리)을 나타내는데 필요에 의해 차용한 것이 아니라 기존어가 있는데도 신기성의 추구, 위세적 동기(prestige motive)로 인하여 들어오게 된다.[122] 본고에서 확인된 중국조선어에 새로 생긴 외래어

---

121) 전문어는 일반적으로 전문분야에서만 쓰이는 것이지만 '컴퓨터'와 같이 전문 분야에서 쓰이다가 일반화되는 경우가 많으므로 일상생활 외래어(일반어)와 전문어의 구별이 쉽지 않다.

122) 민현식(1998), 「국어 외래어에 대한 연구」, 『한국어 의미학』, 한국어의미학회.

들은 일상생활에 필요한 필요 외래어뿐만 아니라 잉여 외래어도 대량으로 발견된다.

이와 같은 새로 생긴 외래어들은 중국조선어의 사용 과정에서 기존어휘와 유의 관계에 있거나 기존 어휘를 대체하는 양상을 보이기도 하는데 아래에 구체적인 문맥을 통해 그 쓰임을 살펴보도록 하자.

② 기존 어휘와 유의관계에 있는 외래어

ⓐ 케이크(cake)←단설기

중국조선어는 조선의 외래어 정리 원칙에 따라 '케이크(cake)'를 고유어 '단설기'로 규범화하였다. 현재 ≪연변일보≫에는 '케이크, 케익, 단설기'라는 표현을 모두 사용하고 있는데 외래어 '케이크'가 고유어 '단설기'보다 많이 사용되고 있다.

> ㄱ. 지금 **케이크**를 손쉽게 사와 노래를 부르며 …… 비교가 되겠는가? (연변일보 2008-1-10)
> ㄴ. 갓 구운 치즈**케익** 드세요. (연변일보 2014-7-16)
> ㄷ. **단설기**, 랭동음료, 팽화식품, 소시지, 제과……등을 전면검사하였다. (연변일보 2009-12-13)

ⓑ 휴대폰(携帶-phone), 핸드폰(handphone)←이동전화

'핸드폰(handphone)'은 'telephone'의 'phone'를 절단하여 'hand'와 합성시킨 외래어이며 '휴대폰(携帶phone)' 은 한자어와 외래어가 결합된 혼종어이다. 중국조선어에서는 한어에서 'cellular phone'을 의역한 '移動電話', '無線電話'를 다시 차용하여 '이동전화', '무선전화기'로 사용하였다. 현재 ≪연변일보≫에는 '무선전화기(無線電話機)'

는 이미 소실되어 나타나지 않고 '이동전화', '핸드폰', '휴대폰'을 사용하고 있는데 '핸드폰, 휴대폰'의 사용이 '이동전화'보다 압도적으로 많이 쓰이고 있다. 이는 역시 음절 경제성의 원리에 의해 3음절어인 '핸드폰'이나 '휴대폰'이 4음절, 5음절어인 '이동전화', '무선전화기'와 동의충돌을 일으킬 때 음절의 길이가 짧은 '핸드폰', '휴대폰'이 우세하게 된다는 것을 말해준다.

ㄱ. **이동전화**사용호가 10억1882만명이다. (연변일보 2012-4-23)
ㄴ. 누군가 광동사람들은 **무선전화기**(大哥大)를 가지고 다니는 것으로써 자기의 신분을 자랑한다고 했는데 라지오처럼 보편적인것은 없었다. (청년생활 1992.제8호)
ㄷ. 상금도 많으며 장비도 현대화하여 많은 사람들이 **핸드폰**을 사용하고있다. (연변일보 1999-1-9)
ㄹ. 고정전화로만 가능하지만 얼마 안 지나 **휴대폰**으로도 자문이 가능하게 될 전망이다. (연변일보 2013-1-10)

ⓒ 와이프(wife)←안해

중국조선어에서 '혼인하여 남자의 짝이 된 여자'를 '안해'[123] 또는 '처(妻)'로 지칭하고 있는데 최근 ≪연변일보≫에서 '와이프(wife)'로 등장하여 고유어, 한자어, 외래어 3중 구조를 이루게 되었다. 아직 '안해'나 '처(妻)'보다 '와이프(wife)'를 선호하는 양상은 보이지 않으나 최근에는 신문뿐만 아니라 일부 잡지에서도 나타났다.

---

123) 조선은 1936년에 조선어학회에서 간행한 '조선어표준말모음'에 기준하여 오다가 1954년 9월에 '조선어철자법'을 제정하고 기존에 쓰던 '아내'를 '안해'로 고쳤다. 최윤갑(1994:6) 참조.

ㄱ. 별로 부유하지 않았어도 로모를 모시고 인해와 두자식을 거느리고 오 손도손 살았다. (연변일보 2003-7-10)

ㄴ. 모은 돈을 들고 부모, 처자식이 있는 고향으로 간다. (연변일보 2013-12-18)

ㄷ. '야, 너 정말 인해 복이 있다. 그렇게 이쁜 와이프 잘 지켜야 하겠다.' (연변일보 2010-6-10)

ㄹ. '너 그 집 와이프 봤지? 얼마나 예쁘냐? 우리 학교 꽃이였고 내 후배 거든.' (송화강 2011.02)

ㅁ. '내 와이프가 친정에 가고 없으니 함께 술이나 마시자.' (연변문학 2012.8호)

ⓓ 스트레스(stress)←정신압력(精神壓力)

'스트레스(stress)'는 '적응하기 어려운 환경에 처할 때 느끼는 심리적·신체적 긴장 상태'를 뜻하는 외래어로 '긴장, 불안, 짜증'으로 순화하였지만 서로 대치되지 못하는 면이 있다. '스트레스가 많다/적다'나 '스트레스를 받다'와 같은 문맥에서 '*긴장이 많다/적다', '*짜증을 받다'와 같이 교체사용이 부자연스럽기 때문이다. 중국조선어는 '스트레스'가 쓰이는 문맥에서 중국 한어 '精神压力'의 영향을 받아 '정신압력'을 사용하기도 한다. 현재 ≪연변일보≫에는 '정신압력'보다 외래어 '스트레스'를 많이 사용한다.

ㄱ. 이들은 심한 **정신압력**에 모대기며 고통스럽게 ≪고중4학년≫생활을 겪 는다. (연변일보 2007-7-9)

ㄴ. **스트레스** 늘면 질병도 늘어. (연변일보 2011-8-1)

ㄷ. 중년직장**스트레스** 로년건강에 영향. (연변일보 2013-12-27)

위의 예문에서 살펴본 외래어 외에도 기존 어휘와 유의관계에서 있으면서 서로 병용되고 있는 외래어를 도표로 제시하면 아래와 같다.

외래어	기존 한자어, 고유어	외래어	기존 한자어, 고유어
슈퍼	상점(商店)	프러포즈	청혼(請婚)
아이스크림	얼음과자	볼펜	원주필(圓珠筆)
서비스	복무(服務), 봉사(奉仕)	파트너	동반자(同伴者)
챔피언	우승자(優勝者)	리더	지도자(指導者)
라이벌	적수(敵手)	다이어트	살빼기
샘플	견본(見本)	스포츠	체육(體育)
커플	연인(戀人)	캠퍼스	교정(校庭)
인테리어	장식(裝飾)	댄스	춤
오픈	개업(開業)	박스	상자(箱子)

③ 기존 외래어를 대체한 새로 생긴 외래어

위에서 기술한 외래어들은 기존 어휘와 유의관계를 이루면서 서로 병용하고 있다면 아래의 외래어들은 이미 기존 외래어를 대체시켰거나 점차 대체하는 단계에 있는 외래어이다.

ⓐ 월드컵(World Cup)←세계컵(世界Cup)

'월드컵(World Cup)'은 '스포츠에서 일반적인 개념으로 세계 선수권 대회를 이르는 말'로 쓰인다. 중국조선어는 한어의 '世界杯'의 영향을 받아 '세계컵'이라는 단어를 사용하다가 한국어의 영향으로 점차 '월드컵'을 사용하게 되었다.

ㄱ. 중국의 물에뛰여들기건아들이 제8차**세계컵**경기에서 금메달을 독차지하였는데 이는 세계물에뛰여들기 3대경기에서 전례없는 일이다. (연변일보 1994-1-9)

ㄴ. 프랑스가 크로아찌아의 돌풍을 잠재우고 **월드컵**출전사상 첫 결승 진출을 달성했다. (연변일보 1998-7-10)

ㄷ. 브라질**월드컵**은 '첨단과학의 집합체'(연변일보 2014-6-24)

ⓑ 유럽(Europe)←구라파(歐羅巴)

'유럽(Europe)'의 음역어는 '구라파(歐羅巴)'이다. '歐羅巴'는 '유럽'을 가리키는 라틴어 혹은 네덜란드어의 'Europa'를 중국식 한자로 표기한 것이다. '歐羅巴'를 중국어로 읽으면 '우루오바[ouluoba]'처럼 발음된다. 이와 같이 '유로파'의 중국식 발음 '우루오바'를 표기한 '歐羅巴'를 우리말 한자음으로 읽은 것이 '구라파'이다.[124]중국조선어에는 '구라파'라는 외래어를 사용하다가 한국어의 영향을 받아 점차 '유럽'이라는 외래어로 '구라파'를 대체하게 되었다. '동구라파, 구라파동맹'은 '동유럽, 유럽련합'에 의해 대체되었다.

ㄱ. 대로씨야무역도 빈해변강구역으로부터…… 확대되였으며 동구라파 각 국과도 무역관계를 건립하였다. (연변일보 1993-1-10)
ㄴ. 그는 뽈쓰까와 기타 **동유럽** 동맹국들에 대한 안보약속을 재천명하고나서 유럽에서의 군사배치를 확대할 계획이라고 밝혔다. (연변일보 2014-6-5)
ㄷ. 이한 상황은 미국과 **구라파동맹** 등의 관심과 불안을 자아내고있다. (연변일보 1998-1-10)
ㄹ. 미국과 **유럽련합** 대 로씨야 추가제재 실시 선언 (연변일보 2014-7-18)

④ **표기가 바뀐 외래어**

20세기 80년대 이전의 중국조선어는 조선의 영향을 많이 받았으며 외래어 규범과 외래어 사용도 기본적으로 조선의 규범을 따랐다. 90년대에 이르러 중국조선어는 자기만의 외래어 표기 규범을 정하였지만 전체적으로 보아 조선의 규범을 그대로 받아들였다.[125]그러

---

124) Daum사전 참조.

나 한중 수교가 이루어지면서 중국조선어의 외래어의 표기에 혼란이 나타나게 되었는데 장흥권(1993), 최균선·권정옥(1997), 류은종(2003), 김순녀(2011), 김기종(2012)에서 모두 지적되었다. 기존의 논의는 개별적인 어휘들의 표기를 지적하였을 뿐 전면적인 검토는 없었다. 본고에서는 ≪연변일보≫에 나타난 자료에 의해 표기가 혼용되거나 바뀐 외래어를 비교적 체계적으로 검토하겠다.

이 외래어들은 대체적으로 모음과 자음의 표기가 가장 많이 바뀌어 나타났다. 아래에 변화된 표기들의 형태들을 논하면 다음과 같다.

가. 모음

ⓐ 단모음 − 단모음
'ㅗ'가 'ㅓ'로 바뀐 외래어: 테로→테러, 뽐프→펌프
'ㅟ'가 'ㅣ'로 바뀐 외래어: 벤취→벤치
'ㅏ'가 'ㅐ'로 바뀐 외래어: 바드민탄→배드민턴, 프로그람→프로그램
'ㅓ'가 'ㅔ'로 바뀐 외래어: 컨터이너→컨테이너

ⓑ 단모음 − 이중모음
'ㅔ'가 'ㅔㅣ'로 바뀐 외래어: 껨→게임, 테블→테이블

나. 자음

ⓐ **된소리가 거센소리로 바뀐 외래어:** 뽐프→펌프, 샤쯔→셔츠

ⓑ **된소리가 예사소리로 바뀐 외래어:** 써비스→서비스, 싸이즈→사이즈, 찚차→짚차

단모음의 표기 중 중국조선어에서 'ㅗ→ㅓ', 'ㅟ→ㅣ', 'ㅏ→ㅐ',

---

125) 金永壽(2012), 『中國朝鮮語規原則與規範細則研究』, 人民出版社, P155.

'ㅓ→ㅔ'로의 표기 변화가 나타났고 기존의 단모음 'ㅔ'로 표기되던 외래어가 현재는 이중모음 'ㅔㅣ'로 바뀌어 나타났다. 자음에 있어서 첫소리를 된소리로 표기하던 데로부터 거센소리로 바뀌어 나타났고 된소리로 표기하던 외래어가 현재는 예사소리로 나타났다.

아래의 <표 5>와 같은 새로운 표기의 외래어들은 기존의 외래어들과 병용하고 있을 뿐만 아니라 기존의 외래어들보다 더 많이 사용되는 것으로 보인다.

<표 5> 외래어의 새로운 표기와 기존 표기

새로운 표기	기존 표기	새로운 표기	기존 표기
티비(TV)	텔레비죤, 텔레비	셔츠	샤쯔
에너지	에네르기	슈퍼마켓	슈퍼마케트
펌프	뽐프	프로그램	프로그람
테러	테로	짚차	쩦차
유머	유모아	벤치	벤취
알루미늄	알루미니움	터널	턴넬
쵸콜릿	쵸콜레트	샤워	샤와

4) 관용표현[126]의 변화

'관용표현'의 정의와 하위 범주에 관해서는 여러 가지 이견이 존재해 왔다. 본고에서는 민현식(2003)에 따라 '관형표현'이란 '일정

---

126) 문현금(1999)에 의하면 관용표현에 대한 용어의 사용은 통일되지 못하고 혼란을 겪고 있는데 지금까지 사용되었던 용어들을 정리하면 다음과 같다.
　① 관용구―노수련(1936), 이훈종(1961), 김민수(1964) 등
　② 관용어―김종택(1971), 임경순(1979,1980), 이영희(1982), 박영순(1985), 박진수(1985) 등
　③ 숙어―김문창(1974, 1980, 1990), 심재기(1986), 한정길(1986), 안경화(1987) 등
　④ 익힘말―황희영(1978)
　⑤ 관용어구―김규선(1978)
　⑥ 관용표현―강위규(1990)
　⑦ 익은말―김혜숙(1993)

시간 반복적, 지속적으로 언어공동체에서 통용되는 표현'으로 정의하고 하위 범주에는 '고사성어, 관용어구(숙어), 인간관계 표현, 속담, 수수께끼, 전래 설화'를 포함시키고자 한다.[127] ≪연변일보≫에는 '시름을 놓다', '일손이 딸리다', '애를 먹다'와 같이 우리 민족이 예로부터 써온 관용표현이 있는가 하면 '경종을 울리다', '승부수를 던지다', '폼을 잡다'와 같이 새로 출현한 관용표현도 있다. 새로 출현한 관용표현은 '조선말사전'에 수록되어 있지 않은 것이 많다.

① 관용어구

≪연변일보≫에 새로 나타난 관용어구를 보면 다음과 같다.

ⓐ 경종을 울리다

'경종을 울리다'는 '잘못이나 위험을 미리 경계하여 주의를 환기시키다'는 의미를 가진다. 이것은 중국어의 '敲警钟', 일본어의 '警鐘を鳴らす'와 같은 의미를 가지고 있는데 이것은 이 두 언어의 영향을 받아 나타난 관용어구라고 말할 수 있다. ≪연변일보≫에 나타난 관용어구의 예문은 보면 다음과 같다.

ㄱ. 규정을 위반할 가능성이 있는 중점인원에 대한 관리를 강화하고 각종 위법사건을 제때에 통보하여 **경종을 울렸다.** (연변일보 2003-7-10)
ㄴ. 도시건설관리자들에게 또다시 **경종을 울려주었다.** (연변일보 2012-7-18)

---

127) 민현식(2003)에서는 관용표현을 통시적인 것과 공시적인 것으로 나누고 통시적인 전래관용표현에는 '고사성어, 숙어, 인간관계표현, 속담, 수수께끼, 전래설화' 등을, 공시적인 유행관용표현에는 '유행 성어, 유행어구, 유행 수수께끼, 유행인간관계표현, 유행속담, 유행담'을 포괄하여 하위분류하였다.

ⓑ 승부수를 던지다

'승부수를 던지다'는 '어떤 사건이나 경기(경쟁)에서 승패를 좌우하는 결정적인 수를 모두 건다'는 의미를 가지며 최근의 신문 기사에서 흔히 쓰이는 관용어구이다. ≪연변일보≫에 나타난 예문은 다음과 같다.

ㄱ. 연길시 10중 특색건설에 **승부수를 던져**. (연변일보 2006-7-10)
ㄴ. 쿠리바리선수를 투입시키며 마지막 **승부수를 던졌다**. (연변일보 2012-7-10)

ⓒ 각광을 받다

'각광을 받다'는 '많은 사람들로부터 주목을 받다'는 의미로 쓰이는 관용어구이다. 이 관용어구도 ≪연변일보≫의 기사에 많이 사용되었다.

ㄱ. 녀자륙상스타로 **각광을 받았던** 존스는……. (연변일보 2008-1-14)
ㄴ. 요즘 시대 사람들로부터 **각광을 받고있다**. (연변일보 2012-11-12)

② **유행어구**[128]

ⓐ 왕따

몇 년 전에 중국조선어에 새로 나타난 유행어로 '왕따'라는 단어가 있는데 이것은 한국어에서 받아들인 것이다. '왕따'는 '따돌리는 일이나 따돌림을 당하는 사람'을 뜻하는 말로 한자어 접두사 '왕(王)-'과 고유어 '따돌림'의 첫음절 '따-'의 결합으로 된 단어이

---

[128] 신어와 유행어라는 용어를 구분하여 사용하는 경우도 있으나 개별단어를 두고 신어와 유행어를 구분하기란 쉽지 않다. 신어나 유행어는 모두 새롭게 사용되는 말이기 때문이다. 본고에서는 신어와 유행어를 구분하지 않는 태도를 취한다. 그리고 민현식(2003)에 따르면 유행어구의 언어 단위에는 단어나 구가 모두 포함되므로 여기에서 유행어와 유행구를 합하여 유행어구라고 한다.

다. 이 '-따' 형태를 가진 단어는 '왕따'뿐만 아니라 '은따', '진따', '우따'129) 등에서처럼 생산적으로 쓰인다. ≪연변일보≫의 예문은 다음과 같다.

> ㄱ. 친구를 **왕따**시키거나 **왕따**를 당하는 일들이…… (연변일보 2007-6-1)
> ㄴ. 그러니 **왕따**당하지 않기 위해서라도…… (연변일보 2012-11-8)

ⓑ 맞벌이

'부부가 모두 직업을 가지고 돈을 벎. 또는 그런 일'을 나타내는 '맞벌이'는 중국조선어에서 새롭게 나타난 유행어이다. ≪연변일보≫에 나타난 예문은 다음과 같다.

> ㄱ. 중국조선족이모가 늘어난 것은 **맞벌이**부부가…… (연변일보 2007-11-28)
> ㄴ. 농촌에 살다보니 부모들이 **맞벌이**임에도…… (연변일보 2010-1-21)

ⓒ 대박이 터지다.

'어떤 일이 크게 이루어지다'의 의미인 '대박'은 '대박이 터지다', '대박이 나다' 등 연어들을 만들어내며 생산적으로 쓰이고 있다. '대박이 터지다'가 나타난 예문은 다음과 같다.

> ㄱ. 쌍색구(双色球)복권 **대박이 터져** 연변을 들썽했다. (연변일보 2010-1-10)
> ㄴ. 연길서 체육복권 150만원 **대박 터져**. (연변일보 2010-11-21)

ⓓ 물갈이를 하다

중국조선어의 '물갈이를 하다'는 '(비유적으로)기관이나 조직체

---

129) 은따: 은근히 따돌림을 받는 것을 말한다. 진따: 피해자 앞에서 대놓고 따돌림을 하게 되면 진짜 따돌림을 받는다고 해서 진따라고 한다. 우따: 우주에서도 따돌림을 받는 것을 말한다.

의 구성원이나 간부들을 비교적 큰 규모로 바꾸다'는 의미를 나타내는 유행어구이다. ≪연변일보≫에 나타난 예문은 다음과 같다.

ㄱ. 외적선수로 **물갈이를 한** 팀이다. (연변일보 2008-5-18)
ㄴ. 경기에서 선발출장선수들을 대폭 **물갈이 하며**……. (연변일보 2008-6-15)

5) 기타

중국조선어의 기타 언어표현에는 한어식 표현130)을 들 수 있다.

한어식 표현은 한어에서 나타나는 표현들을 중국조선어로 풀어쓴 것을 말한다. 한어식 표현이 나타난 원인은 한어에서는 사용하지만 중국조선어에서 사용이 적거나 없는 어휘 표현들을 중국조선어로 바꾸어 적용하려다 보니 잘못된 문장을 생성한 것이다. 개혁개방 후 ≪연변일보≫의 한어식 표현이 점차 늘어나고 있는데 이것은 한어의 영향을 받은 것과 관련된다. 언어접촉에 의해 나타난 한어식 표현은 계속 늘어날 것이며 이에 대한 언어 규범이 필요하다. ≪연변일보≫에 나타난 한어식 표현은 다음과 같다.

가. 한어 단어를 직역한 한자어

ⓐ 취난용, 공능, 동보성, 경민, 열점, 형상대사, 계획생육, 주비량, 주숙비, 공보, 급진과, 기경, 결구, 상범, 소출, 출차, 농가락……

---

130) 한어는 중국 한족(漢族)이 쓰는 언어를 가리키고 중국어는 중국인이 쓰는 말을 가리킨다. 한어는 중국인이 사용하는 표준어와 가깝고 중국어는 중국인이 사용하는 표준어와 방언이 모두 포함된다. 여기에서 논하는 것은 표준어이기 때문에 중국어식 표현보다 한어식 표현을 사용하였다.

위의 단어들은 한어의 '取暖用, 功能, 同步性, 警民, 热点, 形象
大使, 计划生育, 储备量, 住宿费, 公布, 急诊科, 奇景, 结构, 商贩,
销出, 出车, 农家乐' 등을 직역하여 사용하였다. 이러한 단어들은
중국조선어의 '난방용, 기능, 동시성, 경찰과 민중, 이슈, 광고모델,
산아제한(계획출산) 정책, 축적량, 숙박비, 공포, 응급실, 절경, 구
조, 상인(장사꾼), 매출'로 번역하면 이해가 더욱 편리하고 '出车,
农家乐'에 대응되는 '출차, 농가락'은 다른 단어나 단어결합으로 대
체해 사용하여야 한다.

나. 직역한 단어결합

≪연변일보≫의 많은 기사는 한어의 시사를 번역하는 경우가 많
기 때문에 한어의 단어 결합을 직역한 경우가 많다. 그 예문을 표로
보이면 다음과 같다.

<표 6> 한어의 단어결합을 직역한 중국조선어 표현

중국 조선어의 표현	한어 표현
밀접히 배합하다	密切配合
비판을 충심으로 접수하다	忠心接受批判
박절히 수요하다	迫切需求
엄숙히 처리하다	严肃处理
우뢰 같은 박수소리가 터졌다	想起了雷鸣般的掌声
현재의 상황을 타개하기 위하여	为了打开现有(现在)的局面
참신한 풍모와 거대한 성과	崭新的风貌和巨大的成就(成果)
포만된 열성과 격앙된 투지	饱满的热情(热诚)和激昂的斗志
새로운 돌파를 가져왔다	带来了新的突破

위의 예문에 나타난 중국조선어의 한어식 표현은 신문, 기사에서

많이 볼 수 있다. 중국조선어가 가지고 있는 특유의 표현으로서 이미 굳어진 단어 결합으로 사용되는 경우가 많다. 이러한 한어식 표현은 중국조선어가 한어의 영향을 받으면서 생기는 필연적 현상이라고 생각한다. 한어의 새로운 단어나 표현이 나타날 경우, 상황에 따라 직역하거나 우리 고유의 표현을 살려서 사용해야 바람직하다고 생각한다.

   ⓑ 산아제한판공실에서 선물을 증송하였다.

위의 예문 ⓑ에서 '증송하다'는 한어의 '贈送'을 직역한 것이다. 중국조선어에서는 '어떤 물건 따위를 성의 표시로 주다'의 의미로 '증송하다'라는 단어를 사용하지만 한국어에서 '증송하다'는 '贈送'의 의미가 없고 '增送'의 의미만으로 사용된다. 한어의 '贈送'을 중국조선어의 '어떤 물건 따위를 성의 표시나 축하 인사로 주다'의 의미로 사용되는 '증정하다'를 사용하면 의미전달의 정확성을 높일 수 있다.

2. 중국조선어의 복합 정체성

본 절에서는 중국조선어의 복합 정체성에 대하여 논하려고 한다.

정체성이란 개념은 언뜻 보면 간단한 것 같지만, 사실상 무한한 해석과 분석의 가능성을 지닌 상관적 개념이다. 정체성은 사회적으로 구성되며, 사회의 다른 구성원들과의 상호작용을 통해 발전된다.

또한 정체성은 사회적, 역사적, 문화적 맥락을 떠나 독립적으로 형성되는 것이 아니라 사회적 과정에 뿌리를 두고 형성된다. 이러한 정의는 정체성과 사회가 밀접한 관계에 있음을 알 수 있게 한다. 사회적인 의미에서의 정체성(identity)은 한 개인의 自像(self image)으로서 특정집단에의 소속감을 의미한다.131)

정체성의 유형은 크게 개인 정체성과 집단 정체성으로 나눌 수 있다. 개인 정체성이란 한 개인이 자기 자신을 어떤 범주와 관점에서 규정하느냐에 관한 것이며, 집단 정체성은 개인과 관계가 있는 집단에 대한 소속감 내지 일체감(一體感)을 의미한다. 집단 정체성에는 민족, 인종, 국가, 종교, 지역, 계급 정체성이 있다.

중국조선족의 정체성에 대하여 한마디로 논하자면 이중적인 정체성을 가지고 있다. 민족으로서의 조선족에 대한 자긍심이 강하며 동시에 중국 국민으로서의 자긍심도 높다. 즉 중국조선족은 조선족으로서의 민족 정체성과 중국 국민으로서의 정체성이 모두 강한 복합적 구조를 가지고 있다.

이러한 이중적인 정체성을 가지고 있는 중국조선족이 사용하는 중국조선어의 정체성은 무엇인가? 중국 경내에서 사용하는 조선어는 한반도에서 사용하는 우리말과 기원이 같은 언어이다. 조선족이 중국 경내에 이주·정착하면서 사용된 중국조선어는 조선 문화어의 영향, 중국 한어의 영향, 한국어의 영향 속에서 부단히 변화, 발전하여 중국조선어만의 특징을 가지게 되었다. 개혁개방 후 음운, 문법, 어휘 여러 면에서 변화를 겪었지만 중국조선어는 여전히 긍정적인 방향으로 변화발전하고 있다고 본다. 따라서 중국조선족들이 사용하

---

131) 정상화(2006), 「중국조선족의 정체성 형성 및 구조」, 『동북아 신국제질서 중국 발전패러다임 코리안 디아스포라』 2006 협동국제학술회의.

는 조선어는 한반도에서 사용하는 한국어(조선어)와 기원이 같은 언어이지만 문화어, 한어, 한국어의 영향 속에서 변화 발전하여 중국 조선어만의 특징을 가지게 된 언어이다.

기존의 연구에 따르면 중국조선어는 언어접촉[132]에 의하여 언어 사용에서 전환이 일어났다. 한성우(2011)에서 중국 청도 조선족 사회의 언어 정체성에 대하여 논하였는데 현재 청도 조선족 사회의 언어는 조선어를 중심으로 그 정체성을 유지하고 있지만 시간이 흐를수록 언어의 중심이 중국조선어에서 중국어 또는 한국어로 이동할 가능성이 매우 높다고 하였다. 한성우(2014)는 중국조선족 사회에서 민족어로서의 조선어가 그 세력이 약화되고 있다고 논하면서 중국조선족은 오랜 기간 '조선어'를 모국어로 간직해 왔으나 개혁개방과 한중 수교 이후 중국조선어가 점차 쇠퇴해가는 양상이 나타나고 있다고 하였다. 중국조선족은 중국조선어를 지키기 위해 여러 가지 노력을 하였지만 시대의 발전에 따라 여러 가지 새로운 도전에 직면하고 있다. 중국 국내에서 중국조선어 사용의 약화와 쇠퇴에 대한 우려의 목소리가 점점 높아지고 있지만 이에 대한 해결책의 상당수는 의식적인 노력을 촉구하는 경우가 많다. 그러나 이 문제는 단순한 의식의 문제가 아니라 중국조선족들이 중국조선어를 지키기 위한 실질적인 방안과 대책을 내세울 필요가 있다. 따라서 중국조선어의 언어자체에 대한 연구뿐만 아니라 중국조선족 사회의 언어 사용 정체성에 대한 연구도 필요하다. 언어 사용 정체성에 대한 연구가 이루어져야 만이 중국조선어를 지키고 계승하는 데 도움이 되며 중국

---

132) 언어접촉(language contact)이란 별개의 언어나 방언을 사용하는 둘 이상의 개인이나 화자 집단이 상호 간의 사회적 접촉을 하는 상황을 지칭한다. 언어 접촉의 주체는 사람인데, 사람들끼리의 언어접촉의 결과는 접촉 요인에 따라 달라진다. 접촉 요인은 크게 언어 내적 요인과 사회 심리적 요인 등의 언어 외적 요인으로 분류된다. 사회언어학사전(2012:148) 참조.

조선어 교육을 반전시키는 데도 도움이 된다.

3. 중국조선어의 새로운 발전 모델

위에서 보듯이 중국조선어는 음운, 형태, 통사, 어휘 등 여러 면에서 변화를 가져오게 되었다. 이러한 변화는 계속 일어날 것이며 이는 중국조선어의 발전 방향과 밀접한 연관이 있다. 중국조선어가 어떻게 발전하는가 하는 것은 중국조선어의 언어 정책과 민족 교육이 결정적 역할을 한다. 아래에 중국조선어의 발전 방향에 대하여 언어 정책의 발전 방향과 민족 교육의 발전 방향으로 나누어 고찰하려 한다.

1) 언어 정책의 발전 모델

현재 중국조선어는 많은 변화를 가져왔는데 이러한 현실에 주목하여 중국조선족을 위한 언어 정책을 수립하는 데 초점을 맞추어야 한다. 중국조선족의 언어 정책은 민족성, 국가성, 지역성, 이중성을 지니고 있다. 국가의 통일적 요구와 민족의 특징적 요구를 동시에 수용해야 하는 복합성을 가지고 있다. 중국조선어의 언어 정책에서 언어 규범의 제정이 중국조선어의 발전에 제일 중요한 역할을 한다. 아래에 중국조선어 언어 규범과 그 방향에 대해 간단히 논하려고 한다.

세계적으로 같은 언어를 사용하는 한국과 조선의 언어규범이 다르고 남북 사이의 언어적 차이가 점점 심해져 이질화 현상이 적지 않게 나타나고 중국조선어도 한어의 영향, 한국어의 영향, 문화어의 영향으로 규범이 흔들리고 있는 실정이다. 이러한 상황에서 남은 남대로, 북은 북대로, 중국은 중국대로 각자 사회의 언어생활을 자연발생 상태에 내맡겨 둔다면 머지않아 중국조선어는 더 많은 혼란을 겪게 되고 같은 언어를 사용하는 조선과 한국과의 언어교류에도 막대한 장애를 초래할 것이다.

그러므로 지금 시점에서 중국조선어는 그 어느 때보다도 규범이 필요하고 또한 어떤 원칙에서 규범을 제정하여 중국조선어를 발전시키는가가 중요하다.

현재 중국의 조선족사회에는 규범화사업에 대한 새로운 문제를 제기하고 있는데 그중에서도 규범화의 기준을 확정하는 것이 가장 큰 논의의 대상으로 되고 있다. 이 문제에 대해서는 대개 다음과 같은 세 가지 주장들이 있다.

첫째는 경제, 문화적으로 교류가 많이 활발해진 한국의 규범을 절대적으로 따르자는 견해이고 둘째는 조선과 한국에 통일규범이 없는 상황에서 중국조선어규범을 계속 고수하다가 앞으로 조선과 한국에서 통일규범이 작성되면 그 통일규범을 따르자는 견해이고 셋째는 조선과 한국의 통일규범이 나오더라도 국정이 다르기 때문에 중국조선어 규범은 자체의 특성을 보류하여야 한다는 견해이다.[133]

그럼 중국조선어의 언어 규범을 어떻게 제정하고 어느 방향으로 발전하여야 하는가? 남과 북의 규범이 다른 상황에서 중국조선어가 어떤 규범원칙과 세칙을 세우는가는 중국조선족의 운명과 연관될 뿐만 아니라 남북관계에도 영향이 미칠 수 있다. 그러므로 이전처럼 중국조선족의 의사소통만 고려할 것이 아니라 전반 세계 한민족과

---

133) 金永壽(2012), 『中國朝鮮語規範原則與規範細則研究』, 人民出版社, p.20

의 의사소통도 염두에 두어야 하는바 한 지역의 언어실태도 존중해야 하고 세계 전체 민족의 언어현실도 고려하여야 한다.

중국조선어의 언어 규범원칙을 제정함에 있어서 조선과 한국의 규범원칙과 실태를 체계적으로 조사, 연구한 후 되도록이면 차이를 좁히고 공동성분을 늘리는 방향으로 나아가야 한다. 이렇게 하여야만 서로 간의 이질화를 최대한 해소할 뿐만 아니라 우리말의 보존에도 기여할 것이라고 생각된다.

이 총체적인 원칙과 방향에 따라 아래에 같은 몇 가지 방안이 제기될 수 있다.

첫째, 중국조선어, 한국어, 문화어의 언어 규범이 일치한 것은 그대로 유지한다. 아마도 대부분의 조항이 여기에 해당할 것이다.

둘째, 한국과 조선의 규범이 일치한 것은 그대로 따르는 것이 타당하다. 이는 한국어와 문화어, 그리고 중국조선어의 공동성분을 늘리는 중요한 수단으로서 간혹 중국조선어가 남북과 다른 점이 있으면 과감하게 포기하고 조선과 한국을 따라야 한다. 물론 어려운 점이 한두 가지가 아니겠지만 이 원칙을 견지하면 앞으로 우리말의 보존과 발전에 도움이 될 것이라고 생각한다.

셋째, 한국과 조선의 언어 규범에서 차이를 보이는 부분은 될수록 합리한 쪽을 선택하여야 한다. 이를테면 두음법칙이거나 사이시옷의 표기, 그리고 띄어쓰기 표기 등은 남북이 합의를 보지 못한 상황이고, 중국조선어의 경우에도 조선의 문화어를 기준으로 하였기 때문에 조선의 규범을 따르는 것이 합리하다고 생각한다.

넷째, 한국과 조선에서 각기 달리 쓰이는 말들이 각기 조선어의 단어조성법에 맞고 의미 전달이 명확하면 형태가 서로 다르더라도 다 수용하여야 한다. 이는 통일규범의 좋은 밑거름이 될 수 있다. 현

재 남북에서 편찬하는 ≪겨레말사전≫도 이런 원칙에서 만들어지고 있다.[134]

2) 민족어 교육의 발전 모델

중국조선어를 발전시키려면 민족 교육의 발전을 소홀히 해서는 안 된다. 중국조선어에 대한 교육은 중국조선어 발전의 기반이 된다. 아무리 언어 정책이 완벽하더라도 언어 교육이 발전하지 못하면 언어도 발전할 수 없다.

지금 중국조선어에 대한 교육은 국가, 사회단체 등 여러 외부의 지원보다도 자체적인 생존능력을 갖출 수 있도록 힘을 부여해 주어야 한다. 이래야 우리 민족 교육이 합리적인 방향으로 발전할 수 있고, 스스로 교육의 주체로 성장할 수 있으며 중국조선어도 건전한 방향으로 발전할 수 있다. 현재 중국조선족의 민족 교육과 언어 발전은 큰 위기에 직면하고 있다고 하여도 과언이 아니다. 이러한 문제를 해결하기 위하여 중국조선어 교육의 현실로부터 출발하여 조선어 교육의 방안을 모색해 보고자 한다. 이러한 맞춤형 민족교육에 대하여 아래에 몇 가지 방법을 제시하려고 한다.

(1) 중국조선어 맞춤형 교재 편찬

지금까지 중국조선족의 집거 지역과 산재 지역의 조선족 학교에서는 모두 연변자치주가 제정한 교재로 민족어 교육을 하고 있다. 그런데 이러한 교재들은 많은 문제점들을 안고 있다. 이 문제점들은

---

134) 김영수(2010),「남북언어규범의 차이와 중국조선어규범 문제」,『국어교육』, 한국어교육학회.

산재 지역 학생들의 수준과 맞지 않는다는 점, 현재 교육과정에 맞지 않는다는 점, 교사와 학생들의 다양한 요구를 반영하고 있지 못하다는 점 등에서 나타난다고 할 수 있다. 실제로 중국조선어 교육 현장에서도 교재의 내용이 어려워 학생들이 알아듣지 못한다는 목소리가 높아지고 있다. 산재 지역의 조선어 수준이 집거 지역의 조선어 수준보다 낮다는 것은 누구나 주지하는 사실이다. 산재 지역의 학생들에게 어려운 교재로 중국조선어 교육을 하면 교육의 질이 떨어지는 결과를 초래할 수밖에 없다. 이러한 문제를 해결하기 위하여 맞춤형 교재를 개발하여야 하는 문제가 시급하다. 학생들이 쉽게 배울 수 있는 교재가 필요하고 지역 특성상 적합한 교재가 필요하며 민족문화 지식을 다양하게 담은 교재가 필요하다. 이를 위해서는 기존의 교재보다 교재 난이도를 조절할 필요가 있고, 초등학교·중학교·고등학교의 교육 목표에 부합되는 교재 개발이 필요하다.

(2) 중국조선어 교육 모델 전환

중국조선어 교육은 공립학교에서 뿐만 아니라 새로운 교육 모델을 모색하는 것도 좋을 듯하다. 민족어 교육이 점점 약화되고 있는 상황에서 지속적으로 중국조선어 교육을 강화할 수 있는 새로운 교육 모델을 모색한다면 언중들이 언어의 변화발전에 적응할 수 있고 모국어에 대한 사랑을 고양시킬 수 있다.

중국조선어의 교육기관을 보면 주요하게 동북 지역에 집중되어 있다. 그중에서 중국조선족의 집거 지역인 연변조선족자지주에 학교가 가장 많이 분포되어 있고 나머지는 길림성의 기타 산재 지역, 흑룡강성과 요령성에 분포되어 있다. 아래에 1949년부터 2005년까지 중국조선족 초등학교, 중학교 교육기관의 변화 양상을 보면 다음과 같다.

<표 7> 중국조선족 초등학교, 중학교 수량 통계 (1949~2005년)[135]

단위: 개

연도	초등학교	중학교	통합
1949	1500	70	1570
1988	1126	213	1339
1993	1146	185	1331
1997	984	211	1195
2005	287	169	456

위의 통계에 의하면 1949년에 비해 2005년 중국조선족 초등학교, 중학교의 수량은 1114개나 줄어들었다. 그리고 중국의 중앙민족대학교에서 '전국조선족중소학교 현황조사'라는 프로젝트를 진행하고 있는데 2015년까지의 통계 자료를 보면 중국 국내의 조선족 초등학교, 중학교는 175개[136]가 있다고 하였다. 따라서 중국조선족 초등학교, 중학교는 확연히 줄어드는 추세를 보이고 있다. 그 원인에는 중국조선족 인구의 감소, 초등학교, 중학교의 폐교 및 통합 등이 있다. 이러한 현황에서 중국조선족 교육은 새로운 교육 모델의 전환이 필요하다. 아래에 중국조선족의 새로운 교육 모델에 대해 간단히 소개하려고 한다.

① 영구시발어권구조선족학교(營口市鲅魚圈區朝鮮族學校)

현재 중국조선족 학교는 확연히 줄어드는 추세를 보이지만 새로

---

135) 이 자료는 연변주교육국에서 2011년에 통계한 것이다.
136) 175개 초등학교, 중학교의 분포를 보면 연변조선족자치주에는 80개, 길림성 기타 지역에는 33개가 있고 흑룡강성에는 32개, 요령성에는 30개가 있다.

설립된 학교가 없는 것은 아니다. 2007년에 설립된 영구시발어권구 조선족학교는 최근 10여 년래 중국 국내에서 신설된 첫 공립조선족 학교이다. 영구시발어권구조선족학교는 영구시 경제개발구(營口市 經濟開發區)에 위치해 있다.

1980년대 중반 영구시 경제개발구에는 중국조선족이 몇 명이 안 되었으나 2000년 전국 제5차 인구보편조사 시에 1301명, 2008년 에는 4000여 명으로 늘어났다. 하지만 개발구에 중국조선족 학교가 없는 상황에서 조선족 자녀들이 민족교육을 받을 수 없는 현실이 개 발구의 절박한 문제로 대두하여 적지 않은 혼란을 조성하였다. 영구 시 개발구 당위와 지도부에서는 개발구 투자환경을 우월화하고 당 의 소수민족정책을 참답게 이행하여 중국조선족 자녀들로 하여금 본민족 문화 교육을 접수할 수 있게 함으로써 조화로운 개발구를 건 설하기 위해 조선족학교를 설립하기로 결정지었다. 하여 2007년 7 월부터 선생님을 모집하고 9월 1일에 정식으로 조선족학교를 설립 하였다. 이 학교는 '개발구'라는 이 특수지역의 소수민족교육기지로 공백을 메웠을 뿐만 아니라 시대적인 병폐로 민족교육이 부진을 겪 고 있을 때 전국조선족교육사의 새로운 모델로 부상하고 있다.

② 청도정양학교(靑島正陽學校)

중국조선족 교육 모델을 보면 거의 공립학교가 우세를 차지하고 있다. 청도 城陽區에 위치한 청도정양학교는 동북 지역을 벗어난 유 일한 중국조선족학교이다. 중국조선족을 위한 민족교육기관으로서 이 학교는 현지 정부의 전폭 지원을 받아 2000년 8월에 설립된 사 립학교(民辦)이다. '바른 교육 밝은 교육'을 이념으로 내세우고 중국조선족 자녀들을 가르치고 있다. 청도정양학교는 유치부, 초등부, 중등부, 국제부로 나뉘며 2015년까지 통계한 수치에 의하면 재학생 수는 610여명이 있다. 이 학교는 공립학교라는 틀에서 벗어나 민족 교육을 위해 새로운 교육 모델을 제시한 사립학교이다.

③ 연해 도시 우리말 주말학교 설립

중국의 개혁개방 정책과 1992년 한중 수교 이후 60만 명 이상의 중국조선족들이 북경, 상해, 광주, 천진, 청도 등 대도시와 연해 도시로 이주했다. 따라서 동북 지역에는 조선족 학생 수가 급감했지만 대도시에서는 교육 수요가 크게 늘어났다. 그러나 정작 대도시에는 중국조선족 학교가 거의 없다. 현재 중국을 통틀어 동북 지역 밖에 있는 중국조선족 학교는 청도의 청도정양학교뿐이다. 이러한 상황에서 대도시와 연해 지역에서는 우리말을 계승하고 발전하기 위해 우리말주말학교를 설립하였다. 중국 국내에는 우리말 주말학교를 비교적 많이 설립하였는데 일부 학교의 이름과 설립연도를 보면 다음과 같다.

<표 8> 중국 국내 일부 도시 우리말학교 설립 연도

학교 이름	설립 연도
상해조선족주말학교	2010년
상해꿈나무우리말학교	2010년
북경정음우리말학교	2012년
연태정음한글학교	2012년
천진조선족학생한글하동령영	2012년
진황도한글학교	2012년
대련옹달샘배움터	2014년
위해예심우리말학교	2015년

위의 표를 보면 상해에서는 2010년에 '상해조선족주말학교'를 설립하였고 북경에서는 2012년에 '북경정음우리말학교'를 설립하였으며 산동 연태에서는 2012년에 '연태정음한글학교'를 설립하였다. 이러한 주말학교는 동북 지역 이외의 도시에 중국조선족학교가 거의 없는 탓에 우리말을 거의 접하지 못하는 중국조선족 자녀를 위한 학교이다. 우리말을 가르치고 있다는 점에서 의미가 크지만 대부분 주말에만 운영되어 한계를 안고 있다. 그러나 이러한 교육 모델은 우리말을 계승하고 발전시키는 데 도움이 될 수 있으므로 대도시와 연해 지역에는 이러한 중국조선어 교육 모델의 개발이 필요하다.

중국조선어의 교육은 학교에서뿐만 아니라 평생교육의 모델도 모색해야 한다. 중국조선어 교육 모델의 새로운 개발, 교육 모델의 전환만이 중국조선어를 발전시키는 데 도움이 된다.

(3) 중국조선어 교육자의 자질 향상

중국조선어 교육에서 이중 언어 교육은 가장 핵심적인 문제로 대두된다. 중국조선어와 한어를 모두 능숙하게 사용할 수 있고 두 언어의 구조에 대한 지식이 풍부한 이중 언어 교사를 양성해야 조선족 학교에서 중국조선어 교육을 제대로 진행할 수 있다. 중국조선어 교육의 희망은 중국조선족 교사에게 달려 있다. 중국조선족 교사를 상대로 이중 언어 교수법, 중국조선어 언어 규범화 교육 등 다양한 교육 프로그램을 펼쳐나가야 한다. 중국조선어의 교육 현장에서 중국조선어와 한어를 정확하게 구사할 수 있도록 사전 교육이 매우 필요하다.

제5장

결 론

지금까지 개혁개방 후 중국조선어의 변화, 발전 양상에 대하여 살펴보았다. 개혁개방 후 중국조선어의 변화, 발전 양상에 대하여 이주와 정착, 갈등과 통합, 문화 다양성과 복합 정체성 등 세 개 부분으로 나누어 고찰하였는데 논의된 내용을 정리하면 다음과 같다.

　　첫째, 이주와 정착 부분은 중국조선족의 이주와 정착, 이주와 정착 시기 중국조선어의 사용으로 나누어 고찰하였다.

　　중국조선족은 역사상 한반도에서 중국 경내로 이주한 민족으로서 주로 중국 동북 지역에 이주하여 생활하였으며 이주시기를 4개로 나눌 수 있다. 1차 이주는 1875년과 1881년을 전후하여 황무지를 개간하던 데로부터 시작하였고 2차 이주는 1897년 러시아가 淸俄密約을 통해 시베리아철도의 중국 노선 공사를 위해 조선인 노동자를 고용하던 데로부터 시작하였다. 3차 이주는 일본이 조선을 강제로 병합한 전후에 이루어졌고 4차 이주는 일본이 중국의 동북 지역을 점령한 후에 계획적으로 반강제 이주를 실행하면서 시작되었다. 그리하여 1945년까지 동북 지역에 거주하는 조선인 수는 170만 명을 초과하였다. 광복 후 만주로부터의 대규모 귀환이 있어 70만 명은 한반도로 귀환하고 나머지 미귀환 조선인들은 중국공산당에 의한 대륙 통일과 더불어 중국 내의 한 개 소수민족으로 인정받고 정착하게 되었다. 길림성 연변에 조선족자치주가 건립되면서 조선족들은 '조선족'이라는 공식적인 이름을 갖게 되었다. 1960, 1970년대에 들어서서 중국조선족의 발전은 많은 저애를 받게 되었으나 1978년에 제정된 개혁개방 정책이 본격적으로 실행되면서 중국조선족은 활약하기 시작하였다. 개혁개방을 계기로 중국조선족 사회가 큰 변화가 일어나게 되었는데 개혁개방 이전의 파란만장의 시기를 중국조선족의 이주와 정착의 시기라고 한다면 개혁개방 후의 쾌속발전

시기는 중국조선족의 갈등과 통합의 시기라고 할 수 있다.

이주와 정착 시기의 중국조선어 사용을 두 개 단계로 나누어 논하였는데 첫 번째 단계는 이주초기부터 1945년까지이고 두 번째 단계는 1945년부터 1978년까지이다. 중국조선어가 걸어 온 행정을 보면 첫 번째 단계는 중국조선어 형성시기이고 두 번째 단계는 정착의 시기이다. 이주초기부터 1945년까지의 중국조선어는 근대 한국어 단계를 벗어나지 못하였음으로 현대 한국어로 넘어오는 과도기이고 형성 초기이다. 1945년부터 1978년까지 중국조선어가 발전하여 오는 역사 과정에서 발전도 있었고 좌절도 있었지만 조선족은 중국 땅에서 중국조선어를 모국어로 하고 중국조선어를 배우고 사용할 수 있는 자유의 시대를 맞이하게 되었다. 이주초기부터 1978년까지 그 형성과 정착을 마친 중국조선어는 1978년부터 현재까지 변화의 시기를 겪고 있다.

둘째, 갈등과 통합 부분은 중국조선어의 갈등과 중국조선어의 통합으로 나누어 고찰하였다. 개혁개방 이전까지의 시기를 중국조선어의 이주와 정착의 시기라고 한다면 개혁개방 후는 중국조선어의 갈등과 통합의 시기라고 말할 수 있다.

개혁개방 후 중국조선어는 순탄한 길을 걸어온 것이 아니라 갈등 속에서 변화하고 발전하였다. 그 변화의 원인은 1978년의 개혁개방, 1992년의 한중 수교, 1985년·1996년·2007년의 중국조선어 규범집의 출판 등이다. 개혁개방 후 중국조선어는 자체의 언어 규범뿐만 아니라 조선 문화어의 영향, 중국 한어의 영향, 한국어의 영향 속에서 변화, 발전하게 되었다. 주은래 총리의 지시에 따라 중국조선어의 서사 규범과 어휘규범은 조선의 문화어를 기본으로 하였고 후에 자체의 언어 규범이 나왔다하더라도 조선의 규범에서 크게 벗어난 것은 아니어서 조선 문화어의 영향을 많이 받았다. 그리고 중국조선족들은 중국조선어와 한어의 이중 언어 사용자이기 때문에 한어의 영향을 많이 받게 되었는데 이러한 영향은 음운, 어휘, 문법, 수사 등 면에서 찾아볼 수 있다. 한중 수교 이후 중국조선어에 대한 한국어의 영향은 점차 커져가고 있으며 한국어 표준어나 한국에서 널리 사용되는 전문 용어가 중국조선어에 차용되는 경우가 많다. 다시 말하여 중국조선어는 조선의 문화어, 중국의 한어, 한국의 표준어의 영향으로 갈등 속에서 변화, 발전하고 있다.

언어적 통합이란 여러 언어의 상호 영향과 작용 속에서 서로 융합되어 한 개 언어가 자기만의 독특한 체계를 이루는 것을 의미한다. 따라서 중국조선어는 갈등 속에서 자기만의 통합적인 특징을 갖게 되었다. 그 통합적인 특징은 음운적 특징, 문법적 특징, 어휘적 특징, 언어규범적 특징으로 나누어 살펴볼 수 있다. 음운적 특징을 보면 중국조선어의 자음은 19개, 모음은 21개로 구성되었고 음운 현상은 자음의 음운 현상과 모음의 음운 현상으로 나눌 수 있다. 언어규범적 특징을 볼 때 한국어와 차이를 보이는 것은 두음법칙, 사이시옷, '여'의 표기, 한자어에서 모음 'ㅖ'가 들어있는 음절, 접미사 '-군, -갈, -적', 띄어쓰기 등을 예로 들 수 있다. 문법의 특징을 보면 한국과 차이를 보이는 것은 '조사'의 품사 처리 문제, 명사, 대명사, 관형사, 부사의 분류, 보어의 설정, 단일문과 복합문의 분류 등이다. 어휘의 특징에서 어휘 구성의 변화를 보면 새롭게 쓰인 것, 사용이 적어진 것, 교체된 것, 의미가 변화한 것으로 나눌 수 있다. 변화 특징을 보면 중국 한어의 차용과 한국 한자어의 유입으로 기존 한자어에 의미 변화가 일어났고 새로운 한자어가 발생하였으며 이중 언어 사용이 심화되었다. 그리고 외래어의 유입으로 중국조선어의 어휘를 풍부하게 하였으며 중국 조선어의 음운, 표기, 문법, 어휘는 모두 변화가 일어났다.

셋째, 문화 다양성과 복합 정체성 부분에서는 중국조선어의 변화 다양성과 중국조선어의 복합 정체성으로 나누어 고찰하였다.

중국조선어의 변화다양성은 중국조선어 음운의 변화, 문법의 변화, 어휘의 변화로 나누어 검토하였는데 음운과 문법의 변화는 간략하게 논하고 어휘의 변화를 체계적으로 검토하였다. 언어의 諸 要素 중 어휘 구성은 사회의 변화, 발전에 대하여 가장 민감하고 사회의 변화를 반영하기 때문에 중국조선어 어휘의 변화를 중점적으로 검토하는 것은 중국조선어의 변화양상을 반영하는 데 제일 적합하다. 음운의 변화는 음운 체계의 변화, 음운 현상의 변화로 나누어 검토하였고 문법의 변화는 접미사 '적', '성'의 생산성, 한어식 문장구조의 출현, 의문사를 반복하는 문형의 사용으로 나누어 간략하게 검토하였다. 어휘의 변화는 고유어의 사용 변화, 한자어의 사용 변화, 외래어의 사용 변화, 관용표현의 변화, 기타 등으로 나누어 체계적으로 검토하였다. '고유어의 사용 변화'를 새로 생긴 고유어, 소실된 고유어, 의미 변화를 겪은 고유어; '한자어의 사용 변화'를 새로 생긴 한자어, 소실된 한자어, 의미 변화를 겪은 한자어; '외래어의 사용 변화'를 새로 생긴 외래어, 기존 어휘와 유의관계에 있는 외래어, 기존 외래어를 대체한 외래어, 표기가 바뀐 외래어로; '관용표현의 변화'를 관용어구, 유행어구로 나누어 구체적으로 검토하고 기타 부분에서는 한어식 표현에 대하여 간략하게 검토하였다.

중국조선어의 복합 정체성을 보면 중국조선족들이 사용하는 조선어는 한반도에서 사용하는 한국어(조선어)와 기원이 같은 언어이지만 조선의 문화어, 중국의 한어, 한국의 표준어의 영향 속에서 변화,

발전하여 자체의 독특한 특징을 갖게 된 언어이다.

중국조선어의 새로운 발전 모델을 보면 언어 정책의 발전 방향과 민족 교육의 발전 방향으로 나눌 수 있다. 언어 정책을 볼 때 중국조선어, 한국어, 조선어의 언어 규범이 일치한 것은 그대로 유지하고 한국어와 조선어의 규범이 일치한 것은 그대로 따르며 한국어와 조선어 규범이 차이를 보이는 부분은 합리한 쪽을 선택해야 한다. 그리고 한국과 조선에서 달리 쓰이는 말들이 단어조성법에 맞고 의미 전달이 명확하면 형태가 서로 다르더라도 다 수용하여야 한다. 민족어의 발전 방향을 보면 조선어문 맞춤형 교재 편찬, 교육 모델의 전환, 교육자의 자질 향상 등이 필요하다.

이상으로 본고에서는 개혁개방 후 중국조선어의 변화, 발전 양상에 대하여 전면적인 분석을 시도하였지만 중국조선어의 음운과 문법 체계에 대한 심도 깊은 분석을 하지 못하여 아쉬움이 남는다. 향후 이 방면의 연구를 과제로 남기면서 본 연구를 마무리한다.

참고문헌

사전:

한국사회언어학회(2012), 『사회언어학사전』, 소통출판사.

단행본:

강신항(1991), 『현대 국어 어휘사용의 양상』, 태학사.

강용택(2013), 『우리말 문법』, 민족출판사.

강은국(1987), 『현대조선어: 문법론』, 연변대학출판사.

강은국(1990), 『조선어문법』, 연변대학출판사.

김광수(2009), 『해방 전 중국에서 조선어의 변화 발전 연구』, 역락.

김광수·강미화·황혜영(2013), 『현대조선어문법론』, 연변대학출판사.

김광해(1993), 『국어 어휘론 개설』, 집문당.

김민수(1964), 『新國語學』, 일조각.

金永壽(2012), 『中國朝鮮語規範原則與規範細則研究』, 人民出版社.

김종훈(1983), 『韓國固有漢字研究』, 집문당.

김철준·김광수(2008), 『조선어문법』, 연변대학출판사.

동북 3성 '조선어문법'편찬소조(1983), 『조선어문법』, 연변인민출판사.

동북 3성 조선말규범집집필소조(1977), 『조선말규범집』(시용방안),
    연변인민출판사.

동북 3성 조선어문사업협의소조판공실(1985), 『조선말규범집』(正式
    版), 연변인민출판사.

리귀배(1989), 『조선어문법리론』, 한국문화사.

리영순·김기종(2006), 『조선어문법론』, 한국문화사.

문금현(1999), 『국어의 관용표현 연구』, 태학사.

潘龍海·黃有福(2002), 『跨入21世紀的中國朝鮮族』, 延邊大學出版社.

서영섭(1981), 『조선어실용문법』, 료녕인민출판사.

선덕오(1994), 『조선어기초문법』, 商學印刷館.

沈在箕(2000), 『國語語彙論』, 집문당.

심재기 외(2011), 『국어어휘론개설』, 지식과교양.

연변사회과학원 언어연구소(2002), 『조선말사전』, 연변인민출판사.

윤평현(2008), 『국어의미론』, 역락.

이은정(1988), 『한글 맞춤법 표준어 해설』, 대제각.

이진호(2005), 『국어 음운론 강의』, 삼경문화사.

임지룡(2009), 『국어의미론』, 탑출판사.

전병선(2004), 『중국조선어 연구』, 집문당.

錢玉蓮(2006), 『現代漢語語彙講義』, 北京大學出版社.

조항범(2004), 『정말 궁금한 우리말 100가지(2)』, 예담출판사.

중국조선어사정위원회(1996), 『조선말규범집』(수정보충판), 연변인민
　　　출판사.

중국조선어사정위원회(2007), 『조선말규범집』, 연변인민출판사.

최명식(1988), 『조선말구두어문법』, 료녕민족출판사.

최명식·김광수(2000), 『조선어문법』, 연변대학출판사.

崔奉春(1994), 『朝鮮語和 漢語關係調査』, 연변대학출판사.

최윤갑(1980), 『조선어문법』, 료녕인민출판사.

최윤갑(1992), 『중국에서의 조선어의 발전과 연구』, 연변대학출판사.

최윤갑(1998), 『중국조선어 한국어 연구』, 홍문각.

최윤갑·전학석(1994), 『중국 조선 한국에서의 조선어차이에 대한 연
　　　구』, 연변인민출판사.

최윤갑·전학석(1994), 『중국, 조선, 한국 조선어 차이 연구』, 한국문
　　　화사.

통일부(2002), 『통일문제 이해』, 통일교육원.

허동진(2007), 『중국에서의 조선어 연구』, 한국학술정보(주).

황대화(1999), 『조선어방언연구』, 료녕민족출판사.

논문:

강보유(1990), 「조선어에 대한 한어의 의미적 침투에 대하여」, 『이중언어학』 7, 이중언어학회.

강보유(1994), 「중국조선족들의 이중 언어생활과 이중 언어교육」, 『語文論業 (第14.15號)』, 全南大學校國語國文學硏究會 全南大學校出版部, 98~101쪽.

姜永靚(2007), 「延邊朝鮮族自治州朝鮮族敎育指標的主成分分析表」, 『延邊大學學報』 33-1, 延邊大學.

강용택(2006), 「중국조선족 10대, 20대 언어의 음운변이현상에 대하여」, 『중국조선어문』 145, 길림성민족사무위원회.

강위규(1990), 「관용표현의 개념과 성립 요건」, 『한글』 209호, 한글학회.

곽충구(1999), 「재외동포의 언어 연구」, 『어문학』 69, 한국어문학회.

권면주(1997), 「고유어의 소실에 의한 어휘 고찰」, 『한국언어문화』 39, 한국언어문학회.

김광수・리영실(2011), 「중국에서의 조선어연구 현황과 전망」, 『중국조선어문』 170, 길림성민족사무위원회.

김규선(1978), 「국어 관용어구(idiom)의 연구」, 『논문집』 14, 대구 교육대학.

김기종(1990), 「중국에서의 조선어 어휘규범화작업」, 『어학연구』 1, 서울대학교 어학연구소, 117~145쪽.

김기종(1992), 「중국조선어 규범 사전에서의 표제어의 수록 원칙과 표제어의 성격」, 『새국어생활』 4, 국립국어연구원, 38~54쪽.

김기종(2000), 「개혁개방 후 중국조선어에서의 새말산생과 조선어규범화작업(1)」, 『중국조선어문』 109, 길림성민족사무위원회, 4~9쪽.

김기종(2000), 「개혁개방 후 중국조선어에서의 새말산생과 조선어규범화작업(2)」, 『중국조선어문』 110, 길림성민족사무위원회, 4~7쪽.

김기종(2002), 「개혁개방 후 직접옮김법에 의한 조선어 단어의 뜻변화」, 『중국조선어문』 120, 길림성민족사무위원회.

김기종(2002), 「중국조선어어휘규범화작업에 대한 회고와 당면한 문제점 및 그 발전전망」,『국제학술회의 논문집』, 국립국어연구원.

김기종(2007), 「개혁개방 후 중국조선어에서의 조어법상 접사법의 발전과 그 특성」,『중국조선어문』 147, 길림성민족사무위원회.

김기종(2012), 「당면 중국조선어에서 외래어규범화작업의 필요성과 절박성」,『중국조선어문』 180, 길림성민족사무위원회.

김동소・최희수・이은규(1994), 「중국조선족 언어 연구」,『韓國傳統文化研究』 9, 효성여자대학교 한국전통문화연구소.

김문창(1974), 「국어 관용어의 연구」,『국어연구』 30, 서울대 석사학위논문.

김문창(1980), 「숙어론─ '눈:目'의 의미장」,『논문집』 14, 강원대.

김문창(1990), 「숙어 개념론」,『기곡 강신항 교수 회갑기념 국어학 논문집』, 태학사.

김병운(2000), 「중국조선족의 언어이질 현상과 그 발전적 추세: 어휘 사용을 중심으로」,『語文研究』 33, 충남대학교 문리과대학 어문연구회.

김상원(1990), 「중국 조선민족 제3, 4세대의 민족어 상실 실태와 그 방지 대책」,『이중언어학』 7, 二重言語學會.

김성수(1988), 「대외개방과 조선말 외래어의 새 발전」,『중국조선어문』 37, 길림성민족사무위원회.

김순녀(2000), 「중국조선어와 한국어의 어휘 비교 연구」, 서울대학교 석사학위논문.

김순녀(2011), 「우리말 규범의 어제와 오늘」,『국어교육학연구』 41, 국어교육학회.

김영수(2010), 「남북언어규범의 차이와 중국조선어규범 문제」,『국어교육』, 한국어교육학회.

김일(2004), 「한조변역에서의 성구, 속담 처리에 대하여」,『중국조선어문』 131, 길림성민족사무위원회.

김일억(2006), 「중국의 개혁개방과 소수민족정책 연구」, 대구가톨릭대학교 석사학위논문.

김종택(1971), 「이디엄 연구」, 『어문학』 25, 한국 어문학회.

김해란(2009), 「중국과 한국의 조선족정책이 조선족정체성에 미친 영향」, 전남대학교 석사학위논문.

김혜숙(1993), 「한국어의 익은말 연구」, 『목멱어문』 5, 동국대.

김홍련(2006), 「중국조선어에서의 한어기원 한자어 수용의 전래와 발전 방향」, 『한민족문화연구』, 한민족문화학회, 145~162쪽.

나미끼마사유끼(2002), 「중국에서 본 조선어에 대한 한어의 영향」, 『중국조선어문』 117, 길림성민족사무위원회.

남명옥(2009), 「연변 조선어의 친족어 연구」, 전남대학교 석사학위논문.

남명옥(2011), 「중국조선어의 한어기원 한자어에 대한 고찰」, 『한국어 의미학』 35, 한국어의미학회.

노명희(2010), 「혼성어 형성 방식에 대한 고찰」, 『국어학』 58, 국어학회.

노수련(1936), 「언어 기구에 대하여: 관용구와 어법에 대한 고찰」, 『정음』 16, 조선어학연구회.

류은종(2003), 「축구용어 외래어규범과 그 사용실태」, 『중국조선어문』 123, 길림성민족사무위원회.

리동철(1986), 「우리 언어생활에서의 외래어사용을 두고」, 『중국조선어문』, 길림성민족사무위원회.

리득춘(2004), 「조선어 어휘의 2원 체계와 漢源詞」, 『퇴계학과 유교문화』 35, 경희대학교 퇴계학연구소.

리영화(2011), 「방송에서의 외래어사용과 기본원칙」, 『중국조선어문』 174, 길림성민족사무위원회.

리혜명(2001), 「한어성구번역의 요령」, 『중국조선어문』 114, 길림성민족사무위원회.

민현식(1998), 「국어 외래어에 대한 연구」, 『한국어 의미학』, 한국어의미학회.

민현식(2003), 「관용표현의 범위와 유형에 대한 재고」, 『한국어 의미학』 12, 한국어의미학회.

박갑수(1997), 「중국의 조선말과 남·북한어의 비교-'조선말소사전'을 중심으로」, 『이중언어학회지』 14, 이중언어학회, 253~282쪽.

박영순(1985), 「관용어에 대하여」, 『선암 이을환 교수 회갑기념 논문
집』, 한국 국어교육연구회.

박종호·조귀순·최희수(1985), 「하얼빈시 조선족들의 조선말 사용실
태에 대한 조사」, 『중국조선어문』, 길림성민족사무위원회.

박진수(1985), 「국어 관용어 연구」, 경북대 석사학위논문.

변재란(2006), 「문화 다양성, 영화다양성 그리고 다양성영화」, 『영상
예술연구』 9, 영상예술학회.

서정섭(2005), 「중국 옌볜 조선어 연구」, 『한국어 의미학』 16, 한국어
의미학회.

심경호(2012), 「성구 속담 교수에 대한 약간한 탐구」, 『중국조선어문』
180, 길림성민족사무위원회.

심련화(2002), 「중국조선어에서의 외래어와 한국어에서의 외래어 비
교연구」, 경기대학교 석사학위논문.

심현숙(2003), 「조선어관용형의 교수에 대하여」, 『중국조선어문』 125,
길림성민족사무위원회.

안경화(1987), 「한국어 숙어의 유형에 대한 분석적 연구」, 서울대 석
사학위논문.

이명희(2002), 「중국조선어와 한국어의 어휘 차이 연구」, 서울대학교
석사학위논문.

이상혁(2002), 「외래어의 개념 및 유형 설정: 서구 외래어를 중심으로」,
『돈암어문학』, 돈암어문학회.

이영희(1982), 「국어의 관용적 표현과 의한 의미의 다의화에 관한 연
구」, 『어문논집』 16, 중앙대.

이주행(2005), 「한국인과 중국조선족의 음운 실현 양상-10대와 20대
의 언어를 중심으로」, 『이중언어학』, 이중언어학회.

이충우(1997), 「어휘 교육과 어휘의 특성」, 『국어교육』 95, 한국국어
교육연구회, 85쪽.

이현규(1995), 「국어 형태 변화의 원리2」, 『민족문화연구총서』 18, 영

남대학교 민족문화연구소.

이훈종(1961), 「관용구와 그 배후 민담」, 『국어국문학』 24, 국어국문학회.

임경순(1979), 「한국어에서 본 chafa의 의미와 언어 구조」, 『용봉논총』 9, 전남대 인문과학연구소.

임경순(1980), 「관용어와 언어 구조」, 『연암 현평효 박사 회갑기념 논총』, 螢雪出版社.

임동훈(1996), 「외래어 표기법의 원리와 실제」, 『새국어생활』 6, 국립국어연구원.

장경섭(1995), 「통일 한민족 국가의 사회 통합」, 『남북한 체제비교와 사회 통합』, 세종연구소.

장흥권(1983), 「우리말의 외래어에 대하여」, 『중국조선어문』, 길림성민족사무위원회.

장흥권(1993), 「개혁개방과 조선말 외래어」, 『중국조선어문』 65, 길림성민족사무위원회.

전신욱(2002), 「중국조선족의 과거, 현재 그리고 미래」, 『한국정책과학학회보』 6-1, 한국정책과학학회

전학석(1982), 「훈춘지방의 주요방언의 음운수와 그 체계」, 『연변대학학보(조선어 특집호)』, 연변대학교.

전학석(1988), 「중세조선어의 방점과 연길·개원 지방말의 고저장단 비교」, 『조선어 연구』 2, 흑룡강조선민족출판사.

정상화(2006), 「중국조선족의 정체성 형성 및 구조」, 『동북아 신국제질서 중국 발전패러다임 코리안 디아스포라』 2006 협동국제학술회의.

채옥자(1999), 「중국 연변지역어의 활음화에 대하여」, 『애산학보』 23, 애산학회.

채옥자(2002), 「중국 연변지역 한국어의 음운체계와 음운현상」, 서울대학교 박사학위논문.

최경남(2001), 「중국에서의 조선어어휘사용 현황과 전망」, 『중국조선어문』 111, 길림성민족사무위원회.

최균선·권정옥(1997), 「외래어규범화의 전제」, 『중국조선어문』 89, 길림성민족사무위원회.

최란화(2010), 「중국어 영향에 의한 연변지역 한국어의 변화」, 전남대학교 석사학위논문.

최명옥(2000), 「중국연변지역의 한국어 연구」, 『한국문화』 25, 서울대학교 한국문화연구소.

최윤갑(1990), 「중국에서의 조선어의 변화」, 『이중언어학회지』 7, 이중언어학회, 1~9쪽.

최윤갑(1991), 「中國 朝鮮語에서의 漢語 借用語 問題」, 『새국어생활』 4, 국립국어연구원, 13~21쪽.

崔洪彬(2002), 「中國 朝鮮族의 歷史와 現實」, 『韓國宗教』(26), 원광대학교 종교문제연구소.

한성우(2011), 「중국 청도 조선족 사회의 언어 정체성」, 『방언학』 14, 한국방언학회.

한성우(2014), 「중국조선족 사회의 언어 전환」, 『한국학연구』 32, 인하대학교 한국학연구소.

한영목(1987), 「금산지방의 방언 연구」, 『논문집』 24-1, 충남대학교 인문과학연구소.

한정길(1986), 「숙어 표현에 대하여」, 『어학연구』 22—1, 서울대 어학연구소.

황희영(1978), 「한국 관용어 연구」, 『성곡논총』 9, 성곡학술문화재단([국어학 자료집 제2집(대제각 1981)], 재수록).

강용택

중앙민족대학교 조선언어문학학부 교수, 박사생지도교수

중국조선어 규범화위원회 부이사장
중국조선어학회 상무 부이사장
중국조선어문 잡지사 심사위원
한국어학회 해외이사

개혁개방 후 중국조선어의 변화, 발전 양상 연구

초판인쇄 2018년 11월 30일
초판발행 2018년 11월 30일

지은이 강용택
펴낸이 채종준
펴낸곳 한국학술정보㈜
주소 경기도 파주시 회동길 230(문발동)
전화 031) 908-3181(대표)
팩스 031) 908-3189
홈페이지 http://ebook.kstudy.com
전자우편 출판사업부 publish@kstudy.com
등록 제일산-115호(2000. 6. 19)

ISBN 978-89-268-8627-4 93330